美国心理学会情绪管理自助读物

成长中的心灵需要关怀 · 属于孩子的心理自助读物

阿斯伯格综合征儿童
上学与社交技能训练

Asperger's Rules

How to Make Sense of School and Friends

〔美〕布莱斯·格罗斯伯格〔Blythe Grossberg〕著

雷秀雅 韩璞 张凤 译

化学工业出版社

·北京·

北京市版权局著作权合同登记号：01‑2017‑4746

图书在版编目（CIP）数据

阿斯伯格综合征儿童上学与社交技能训练 /（美）布莱斯·格罗斯伯格（Blythe Grossberg）著；雷秀雅，韩璞，张凤译. —北京：化学工业出版社，2019.3（2025.11重印）
（美国心理学会情绪管理自助读物）
书名原文：Asperger's Rules: How to Make Sense of School and Friends
ISBN 978‑7‑122‑33841‑9

Ⅰ.①阿… Ⅱ.①布…②雷…③韩…④张… Ⅲ.①孤独症－儿童教育－特殊教育 Ⅳ.①G766

中国版本图书馆CIP数据核字（2019）第024157号

责任编辑：郝付云　肖志明　　　　　　　装帧设计：邵海波
责任校对：宋　玮

出版发行：化学工业出版社（北京市东城区青年湖南街13号　邮政编码100011）
印　　装：北京云浩印刷有限责任公司
710mm×1000mm　1/16　印张9½　字数100千字　2025年11月北京第1版第11次印刷

购书咨询：010-64518888　　售后服务：010-64518899
网　　址：http://www.cip.com.cn
凡购买本书，如有缺损质量问题，本社销售中心负责调换。

定　　价：39.80元　　　　　　　　　　　　　　　版权所有　违者必究

融合的意义

一直以来，自闭症谱系儿童就学问题是家长最为关心的问题，也是心理学、教育学工作者关注与思考的重要课题。作为在这个领域有着近20年学习、教学研究及干预实践经验的我，就此问题也经常在迷茫与清醒间徘徊。为什么呢？其一是因为自闭症这个群体的个体差异太大，相同的就读环境却经常会带来不同的教育效果；其二是因为每个孩子所面临的客观环境有太多的差异，即使是自闭症程度比较相似，因其所处具体就学环境的差异也会带来截然不同的结果，成功的就学经验与失败经验总是并存着。根据儿童症状的严重程度和其生存环境，选择适当的就学环境，确实是一个需要认真思考的问题。但无论如何，我还是主张自闭症儿童能够进入普通学校接受融合教育。特别是对于那些有一定语言能力的儿童，如果我们为其创造优质的就读条件，无疑对其成长意义重大。

在把这本书介绍给读者时，我首先要为大家解释一下自闭症谱系障碍与阿斯伯格综合征的区别。美国《精神障碍诊断与统计手册（第五版）》（DSM-5）明确规定："若个体患有已确定的DSM-Ⅳ中的孤独症（自闭症）、Asperger氏障碍或未在他处注明的全面发育障碍的诊断，应给予孤独症（自闭症）谱系障碍的诊断。"也就是说，现有诊断标准中阿斯伯格综合征已经属于自闭症谱系的一个类型。相关研究成果和我的实践经验表明，阿斯伯格综合征儿童几乎都在普通教育机构就读，其就学质量与教育者的应对能力和策略密切相关。

《阿斯伯格综合征儿童上学与社交技能训练》一书，以阿斯伯格综合征儿童就学中存在的学业问题与人际关系问题为主要内容，就其具体应对方法和策略进行详细介绍。本书共由8章组成。第1章总括本书包含的主题：如何理解老师和同学们；在学校需要遵守的规则；如何发掘自己的优点等。第2章是以教会孩子觉察自己的感受和情绪，学会从积极的角度思考问题，进而应对生活的变化为主要内容。第3章是如何获得社会资源的支持，重在教给孩子如何表达自己的需要，如何向老师寻求帮助等技能。第4章比较适用于中学生，从纠正肢体语言、礼貌有效跟老师交流等方面教给孩子社交常识。第5章介绍了阿斯伯格综合征儿童如何处理在学校中的课间休息时间、午餐时间以及体育活动课所发生的事情，通过举例说明、场景扮演等方式教会阿斯伯格综合征儿童相关的策略与方法，以帮助他们有效地应对在学校教室外遇到的一般场景，如阿斯伯格综合征儿童如何度过课间休息时间、怎样和同学一起吃午餐、在音乐会以及毕业典礼等重要活动中该如何表现得体等。第6章介绍阿斯伯格综合征儿童与伙伴们相处的方法，建议阿斯伯格综合征儿童在交朋友上，可以找具有共同兴趣爱好的同学，如从学校的社团活动中寻找有共同兴趣爱好的朋友，并且介绍了一些与朋友聊天的实用技巧，包括一般的聊天形式、实用的聊天开场白，还包括对他人表达方式的理解、对他人表情以及动作所隐含内容的深入理解。第7章给阿斯伯格综合征儿童提供了应对校园恶霸以及避免遭受校园欺凌的方法，作者详细介绍了校园欺凌的含义以及校园欺凌的表现形式，告诉孩子可以通过避开校园恶霸，面对恶霸时表现得自信、敢于说"不"，交一个年长的朋友，将校园恶霸的行为告诉老师或者家长等方式来应对学校中的恶霸；另外，作者也提供了一些识别出假朋友、分辨出真朋友的方法，并且也指出，网上也会出现一些欺凌行为，提醒孩子注意安全上网并且有效地应对网上的欺凌行为。第8章讲解了保持身心健康的方法，强调想要自己身体健康以及在学校中精力充沛，最好的方式就是养成良好的睡眠和饮食习惯。

本书作者布莱斯·格罗斯伯格是一名心理学博士，擅长帮助阿斯伯格综合征的儿童，让他们更好地适应学校的学习和生活。针对阿斯伯格综合征儿童在学校中可能面对的场景以及出现的问题，作者在书里都给出了具体可行的策略与方法，具有十分重要的应用价值。

本书适用于中小学阶段的阿斯伯格综合征的孩子以及相关教育者阅读，语言简明易懂，内容丰富，几乎涵盖了所有儿童在校园中可能会遇到的问题。在指出问题的同时，还提供了切实可行的解决方法。具体到举例说明解决某一个具体问题或者场景的做法，并且教会儿童在某些场景中如何进行得体的应答。在翻译过程中，我发现，这些方法和策略即使对于正常发展的儿童也是非常有帮助的。

书中每一章节均设置了"自我测试""学以致用""制订目标"这三个部分，儿童可以通过"自我测试"部分清楚地知道自己在某方面的优良程度，在阅读每一章内容之后，可以通过回顾所学的方法与策略，在"学以致用"中进行场景扮演或者对话练习等，最后"制订目标"要遵循SMART（具体的、可评估的、可实现的、现实的、有时限的）原则，将每一章所学到的方法落实到生活中具体的行动上。

能够接受和完成本书的翻译工作，是基于对作者教育理念和教育成果的认同与敬仰。我真诚地把这本书推荐给读者，希望它能够给我国阿斯伯格综合征儿童的校园适应带来帮助。最终的愿望是，期待这本书成为提升孩子们校园生活质量的指南。

雷秀雅

目 录

第**6**章

第**7**章

第 1 章

这本书会怎么帮助你

阿斯伯格综合征的孩子虽然非常聪明有天赋，但是在学校常常会遇到困难。他们通常难以理解别人的话，尤其当别人表述不直接时，他们更难理解。如果你有一些类似阿斯伯格综合征的症状，或者你有阿斯伯格综合征，你常常会发现自己身处奇怪的境况，就是在学校掌握某课程的很多知识，或者对课堂上讨论的内容也很有见解，但就是无法清楚地向老师表达你的观点。你的同学们可能更容易让老师听懂他们的想法。这是因为同学们知道特定的行为方式和交流规则，虽然这些规则没有明说也没有写出来。阿斯伯格综合征的孩子有时很难理解这些潜在的规则，这让他们常常感到沮丧和被误解。

每个人都必须学习行为规则，因为这些规则会让你的学业和生活更加顺利。从某些方面说，学校就像棋盘游戏。如果没有规则，人们就无法有意义地玩游戏。尽管其他孩子不需要解释就能理解这些规则，但是阿斯伯格综合征的孩子可能需要更直接地学习，才能掌握这些规则。这并不意味着阿斯伯格综合征的孩子不聪明，只是他们需要这种学习方式。本书将向你解释这些规则，帮助你设定目标，让你学会遵守规则。

学习规则是学校的重要组成部分，实际上，大部分学校不只是考试、读书和写作，同样要学习如何与老师和同学交流，让大家理解你，也让大家知道你理解他们。虽然这部分学习不打分，但却很重要。如果你能明白老师希望你做什么，你在学校也能更好地展现自己。

本书会讲解学校里那些让你感到困惑的规则，让你的

本书会帮助你理解教室里所有的规则，包括老师没有直接说出来的规则。

学习规则是学校的重要组成部分。

学习生活更轻松。这些规则也有助于你理解老师，即使老师没有直接说出来，你也能明白他的期望。你会学习如何了解自己的感受，并疏解不舒服的情绪；也会学习用一些规则和恰当的行为，轻松地与老师、朋友和同学相处，并且学到一些**策略**，让自己更容易听懂并完成学校任务；还会学习如何与人相处以及处理欺凌事件的方法。你将更多地了解自己的优点，学会运用它们来帮助自己学习。最后，你还将学会如何养成良好的习惯，并从中受益。

书中所有的例子不一定都适用于你的生活，不过，没关系，只要你喜欢本书列举的规则，你就可以将其运用到许多不同的场合。

本书会帮助你**解读**学校的另一面，比如有些事情老师不会说，但会影响你的心情和表现；还会帮助你理解学校的规则，包括那些潜在的规则。本书包括如下几个主题：

➤ 理解老师、同学和朋友的规则。

➤ 在学校感到舒服和有意义的规则。

➤ 与其他孩子交流和交朋友的规则。

➤ 开发和运用自身能力的规则。

怎样使用这本书

本书的每个章节都会讲述学校的一个具体部分，比如教室里的课堂**规则**，如何与同学们相处，如何与老师沟通

策略：一种做事方式，帮助你运用技巧使任务变得简单和顺畅。

解读：帮助你理解一些事情，比如理解某个准则或者他人的行为。

规则：做某些事公认的方式。学校里有很多关于学生行为的规则。

头脑风暴：一种解决问题的技巧，一个人或一群人思考解决问题或实现目标的方法。

目标：事情进展的目的或者你要在某个领域达到的成就，分为短期目标和长期目标。

等。每一章会先讲解学校的一些规则，然后帮助你进行**头脑风暴**，提高这方面的能力，并给你提供一些练习这些方法的机会。最后，你能学会自己制订切实可行的**目标**，在父母、老师、朋友的帮助下，按照目标一步步提高自身能力。

在阅读本书时，你可以把自己当成一个科学家，就像在实验室探索新的想法和公式，研究它们是否可行。不要害怕尝试新事物，毕竟一位科学家要有新发现需要不断尝试。只有当你尝试了新事物，你才知道它可行还是不可行，才会知道在课堂上应该怎么做。

你有哪些优点

在我们讲规则和目标之前，花一点时间想想你的优点。你肯定拥有许多优点，应该好好发现并欣赏自己的优点。请你现在就坐下好好想想你独特的才华和特点。你的五个优点是什么？正是这些优点让你成为一个特别的人。

我的五个优点：

1. _____

2. _____

3. _____

4. _____

5. _____

你可以写下你的优秀品质，比如"我喜爱小动物""我有责任心""我爱护小朋友"。你还可以写下你的长处，比如"我擅长拼乐高""我很会设计纸飞机""我会创作歌曲""我很了解中世纪历史"。

你可能拥有很多优点或长处，但是你需要从中选择想要提高的那几个。通过阅读本书，你将会为自己制订目标，即你想改变的地方或想达到的成就。你是有优点的孩子，制订目标并不意味着你做错了，或者做得不好，或者缺乏天赋；也不意味着你要丢弃你的优点，而是要帮助你成长得更好，在学校跟老师和同学们相处得更舒服。

制订目标要遵循哪些原则

就像科学家设计实验一样，你需要思考你想实现什么，以及怎样实现。有一个办法是制订一个**明智**（SMART）的目标。**明智**的目标要遵循以下原则：S代表**具体**的，M代表**可评估**的，A代表**可实现**的，R代表**现实**的，T代表**有时限**的。所以，第一步是制订具体的目标，即具体描述你想要什么，以及你怎么实现。请看以下目标：

➡ 我想交更多朋友。

➡ 我想加入一个社团，这样我就能交更多朋友。

第二步，让目标变得可以评估或衡量。这意味着你要明确测量指标或者完成期限，这样你就可以评估是否能达

> 这个目标不具体，没有说明你如何交更多朋友，也没有说明去哪儿找更多朋友。

> 这个目标很具体。它说明了你如何交到更多朋友。

到，以及何时达到目标。比如：

这不是可评估的目标。你怎样评估"更好"呢？"更好"是什么意思？你是想得到更高的分数还是想按时完成作业？

➡ 我想更好地完成家庭作业。

所以，怎样把这个目标改成可评估的呢？你可以这样改改试试：

这个目标就可评估了。你能够知道有没有达到，因为你可以很容易地数出这个月未交作业的次数。

➡ 我想增加交作业的次数，所以这个月我只漏交一次或不漏交作业。

第三步，把目标变得可实现。比如：

➡ 我想当学生会主席。

你可能是很优秀的候选人，但是这个目标可能不容易实现，因为有太多人竞选了。

为了让这个目标更容易实现，你可以把它改成：

这个目标是可实现的，因为即使你没有胜出，你仍然可以参与竞选。

➡ 我想竞选学生会主席，即使我没有胜出。

目标的可实现性跟现实性有关，尽管挑战自己是件好事，但是你的目标应该是你有能力完成的。看看下面列举的目标：

这个目标对于你来说或许是不现实的，因为你获得不了国家航天局的信息，也没有独立解决这方面问题的能力。

➡ 我想写一篇论文，探讨"挑战者号"航天飞机的问题。

再看一下这个例子：

这个目标是现实的，因为你可以在图书馆找到资料，查阅科学家们对该问题的研究。

➡ 我想写一篇论文，探讨对于1986年"挑战者号"航天飞机爆炸事件，科学家们认为是什么问题导致的，并且提出我自己的观点。

最后，让目标有时限要求。这意味着你要结合当下重要的事情，设定合理的时间完成目标。看下面的目标时间合理吗？

➠　我想成为一个职业作家。

这个目标太长远了，在你长大之前先不用考虑。

试试这样呢：

➠　我想这一年内在学校提升写作能力。

这个目标时间合理，因为这会让你现在就行动起来。

你的目标合适吗？

在本章的最后，你需要制订自己的目标了。在制订每个目标时，都要记住SMART原则，即具体的、可评估的、可实现的、现实的、有时限的。如果你需要帮助才能制订SMART目标，你可以回顾前面的内容，或者请父母帮忙。目标是你自己选择的，它可以是你想做的任何事。你可能一直有这样的目标，比如"我想交更多朋友"，试着把它变得更具体可行，比如"我会加入机器人社团，或者参加夏令营，这样我就可以认识新朋友了"。

制订目标时，先写下最重要的三个目标，把它贴在床头或者镜子上，时刻提醒自己想实现的目标。

你可以树立远大的目标，但是记住，千里之行，始于足下。先制订SMART目标，挖掘你无穷的潜力，愉快地开始吧！

第 **2** 章

感受和情绪

本章是帮助你学会认识和理解自己的情绪。人们感到沮丧、愤怒、受挫是很正常的，就像感到快乐一样正常。本章将帮助你理解和识别你什么时候会感到受挫，并帮助你想办法管理这些情绪。

自我测试：

你了解自己的情绪吗？

1. **如果你在课堂上感到沮丧，你会意识到吗？**

   a. 当我意识到自己感到沮丧时，为时已晚。

   b. 我有时感到有点不舒服，但是没管它。

   c. 当我在课堂上感到愤怒或沮丧时，我会深呼吸或者出去散散步。

2. **是什么让你在学校感到快乐？**

   a. 我不知道是什么让自己感到快乐。

   b. 我有时候感到快乐，但也不清楚是因为什么。

   c. 我知道学自己喜欢的科目时最快乐，比如数学、计算机、美术、历史。

3. **你在教室里感到沮丧时，怎么平静下来？**

   a. 我不知道怎么平静下来。

   b. 我尝试着平静，但仍然感到沮丧。

   c. 我会用多种方式让自己平静，比如深呼吸，想象自己在安静的地方。

4. 你感到受挫时会做什么？

　　a. 我经常不知道自己在说什么做什么。

　　b. 我试图将注意力转移到其他事情上。

　　c. 我会跟老师商量，离开小伙伴独自去散步。

5. 你知道是什么让朋友们快乐吗？

　　a. 我不知道是什么让朋友们快乐。

　　b. 我快乐的时候朋友们就快乐。

　　c. 我想是朋友们都喜欢的一些游戏和活动。

　　如果你大部分回答的是"a"，说明你像许多人那样，需要帮助才能觉察到自己和他人的情绪。你还需要分辨出什么时候开始感到紧张，学会如何应对这些情况。本章会帮助你进一步了解自己。

　　如果你大部分回答的是"b"，说明你理解自己和他人的部分感受，并且有一些应对的好办法。本章会帮助你让这些办法更有效。

　　如果你大部分回答的是"c"，说明你理解自己的感受，会及时处理这些负面情绪。本章会帮助你发现更多你没想到的解决办法。

理解自己的情绪

　　人们有时候会用不同颜色描述情绪，比如，红色代表愤怒，蓝色代表平静。你可能经历过情绪的彩虹，从红色

（愤怒）到粉色（快乐），再到黑色（伤心）。你可能会用其他颜色表示这些情绪，毕竟每个人都有自己的看法。经历不同的情绪很正常，一天之内也可能会出现多种情绪变化。早上起床时，你可能感到疲惫；到学校看到小伙伴在课间玩电子游戏，你又感到快乐；发现忘带家庭作业了，你感到愤怒；看到外面灿烂的阳光，你又感到平和。有时候甚至一件事情就让你体验到多种感受，比如，你的好朋友搬家了，你感到伤心，因为你会想念她；然后因为她邀请你去她家玩，你又感到开心。

给情绪贴标签或者标上颜色，会帮助你理解自己的情绪。下面是你经常感受到的情绪：

➡ 愉快。

➡ 平静。

➡ 愤怒。

➡ 沮丧。

➡ 困惑。

➡ 尴尬。

➡ 紧张或担心。

➡ 伤心。

➡ 孤独。

你还能想到其他的情绪吗？

你还可以将情绪**可视化**，比如彩虹，或者温度计上的不同温度。当你感到平静和愉快时，想象画面中温度计的

可视化：在头脑中想象一幅画面。

温度很低；当你感到愤怒和沮丧时，温度计的温度会上升。用这种方式想象感受，你就会更好地理解感受，以及知道自己何时开始感到沮丧。

有一些你很熟悉的情绪，比如，发生下面这些事情时，你的感受如何？

➡ 得到你特别想要的礼物。

➡ 跟好朋友约会。

➡ 收养一只宠物狗。

➡ 考试得高分。

➡ 学习感兴趣的东西。

以上的事情会让你感到愉悦，还有哪些事情会让你感到快乐呢？

———————————————————————

这些事情又让你感受如何？

➡ 不确定在课堂上会发生什么。

➡ 找不到好朋友一起吃午餐。

➡ 考得很糟糕。

➡ 听到别人说你的坏话。

这些事情通常让人感到孤独、伤心、困惑，如果你这一天已经过得很不顺心了，这些事会让你更加难过。

还有哪些事情令你伤心？

———————————————————————

还有哪些事情令你愤怒？

哪些事情让你同时感到伤心和愤怒？

倾听身体的信号

如果你不确定你的情绪是什么，或者不知道为什么会有这种感受，你的身体通常会告诉你答案。

身体出现以下信号，说明你感觉良好：

➡ 肌肉放松。

➡ 呼吸平静且轻松。

➡ 感到不冷也不热。

➡ 不渴也不饿。

➡ 休息得很好。

➡ 没有出汗（除非天气很热，高温使你出汗）。

身体出现以下信号，说明你感觉糟糕：

➡ 肌肉紧张。

➡ 头疼。

➡ 肚子疼。

➡ 呼吸急促。

➡ 脸色苍白，头重脚轻。

➡ 出汗。

身体会提供一些线索，把你的感受告诉你。

➼ 感到热或者冷。

➼ 感觉要失控了。

➼ 握紧拳头。

当你开心时，身体有什么反应？

当你沮丧时，身体有什么反应？

理解他人的感受

理解他人的感受通常比较难，但是如果你学会问自己"我在这种情境中会有什么样的感受"，就会比较容易理解他人的感受了。比如说，当你被小朋友欺负时，你会感到沮丧、伤心、愤怒。别人也一样。在这种情境下，通常别人的感受和你是相同的。

经验原则：凭经验得出的结论，不一定严格适用于所有的情境。

有一个通用的**经验原则**：想理解他人的感受，就想想当自己处于同样情境时有什么感受。

如果你注意观察他人的肢体语言，就会发现一些反映他人内心感受的线索，也会看出他人是如何控制自己的身体。

如果一个人的身体出现了这些信号，那表明他可能生气了，或者感到厌烦、沮丧：

➼ 他的脸很红。

➼ 他不看你。

➡ 他可能正在哭，或者眼睛里有泪水。

➡ 他弯腰驼背，不站直。

➡ 他双臂交叉。

➡ 他眯着眼。

➡ 他大喊大叫，或者说话很快。

下次当你的老师或父母感到沮丧时，注意观察他们的肢体语言。你就能通过观察他们的身体信号，学会快速识别他们的沮丧情绪。

学以致用

练习识别情绪

你可以练习识别自己的情绪和他人的情绪，就像练习识别叶子、小鸟、小虫子那样。

你可以随时练习识别自己的情绪。在空闲时间，停下来问问自己：

➡ 我现在感觉如何？

➡ 我的身体现在感觉如何？

➡ 为什么会有这种感觉？

➡ 我现在可以做点什么，让自己感觉好一些，比如深呼吸或者休息一下？

当你看书时，你也可以练习识别故事里主人公的情绪。问问自己：

➡ 书中主人公现在感觉如何？

➡ 他为什么会有这种感觉？

➡ 我在这种情境下会有什么感受？

可以找个小本子，记录你的感受。你可以记录一天中不同时刻的感受，比如起床时，在学校时，回到家时，上床睡觉时。如果过一两周后再翻阅你的小本子，你可能会发现情绪的特定模式。你是不是会在每天同一时刻感到愉悦或是糟糕。如果坚持练习识别自己和他人的情绪，甚至故事角色的情绪，你识别情绪的能力就会越来越高。

将问题划分等级

既然你已经学会识别情绪的信号，现在你就可以开始思考，怎样来处理不舒服的情绪或者沮丧的情绪。在课堂上出现令人沮丧的情境，一个解决办法是将它们划分等级。这个方法帮助你认识到，有些看似很严重的问题，其实并不像刚看上去那样严重。看看下面的等级。

一级问题：这是一类很小的问题，比如同学大声叫喊，这会很吵闹，但很快就过去了。尽管噪声会让人烦，但这类问题通常不会很令人沮丧。

二级问题：这类问题比一级问题严重一点，比如老师让你重写作业。这种问题有点烦，会让你沮丧一会儿，但还不算世界末日。

三级问题：这类问题需要你完成一些任务，比如体育课上你需要接球传球。这种问题可以解决，但你要动脑筋思考解决办法，而且需要和别人合作，比如和体育老师合作。

四级问题：这类问题比较严重，你自己可能会受伤，比如摔倒了弄伤自己。这种问题也可以解决，不过比较困难。幸好不太容易遇到此类问题。

五级问题：这类问题是最严重的，比如遭遇飞机失事、龙卷风。当然很难遇到这类问题。

当你遇到问题时，停下来想想它属于哪一级。顺便说一句，不同的人对问题的分类标准不一样。比如一个人将这个问题分为二级问题，另一个人可能认为是一级或者三级问题。将问题划分等级很有帮助，因为和其他问题对比着看，你会发现当前的问题其实没有那么严重。在学校遇到的大多数问题，比如小伙伴说了令人讨厌的话，尽管当时看起来非常严重，其实真的只是一级问题。

学以致用

将问题划分等级

下列问题属于哪个等级？把它们按照"1"至"5"排列，"1"代表最容易解决的问题，"5"代表最困难的问题。

➤ 一个朋友告诉你他今天不能过来找你了：＿＿

➤ 作文成绩不好：＿＿

➤ 没有加入理想的团队：＿＿

➤ 水灾毁坏了学校的书和电脑：＿＿

➤ 许多人因为感染病毒而生病：＿＿

这些问题属于哪个等级由你自己决定，但是你排列的序号越大，表明问题越严重。

克服恐惧心理

恐惧在生活中很常见，而且有自我保护的作用。比如，很多人会恐高，但这也保护人们远离危险情境。

然而，有时候我们的恐惧与现实并不相符。比如，当我们在一个很吵闹的地方，会担心震得墙都砸向我们，但这只是内心的担心。你可能会不停地说服自己产生恐惧，而现实情况并没有你想得那么严重。有时候，你对情境的评估比实际要糟糕得多。

举个例子，还记得你刚上学的时候吗？你可能有下列担心：

- ➠ 老师会对我很不友好。
- ➠ 我交不到任何朋友。
- ➠ 小伙伴们会不喜欢我。
- ➠ 我学不会任何东西。

开学几天后，你可能意识到这些只是你的想法，而不是现实。你曾经还对哪些事情有过担忧，可后来事情并没有像你想的那样糟糕？

有时候，我们对事物的想法增加了我们的恐惧。换个角度看待这个情境，我们的看法会让我们感觉更好或者更坏。举个例子，这里有一些常见的情境，以及我们通常会有的想法。

情境： 你到了一个陌生的班级。

无益想法： 这里没有一个人喜欢我。

有益想法： 我有机会认识新朋友。

情境： 你考试得了"B"。

无益想法： 我真笨，我应该得"A"。

有益想法： 我的试卷有一部分答得很好，另一部分我会向老师寻求帮助。

情境： 你将要去一个未知的地方旅游。

无益想法： 我很害怕，因为我对要去的地方完全不了解。

有益想法： 尽管对旅行地不了解，我也能处理好。我之前有过类似的旅行，我会好好欣赏沿途的风景。

当恐惧袭来时，我们通常以无益想法看待事物。如果我们花点时间考虑一下看待事物的想法，会发现我们正在做以下事情：

➡ 认为一切都是朝着坏的方向发展，尽管事实并不是这样。比如，虽然野外旅行有点可怕，但是我们也很期待接下来看到的新风景。我们想象的野外旅行中的一些情况，比如说迷路，其实不大可能发生，如果我们仔细想一下，就会知道担心是不太符合现实的。假设事态会出现最坏的可能性，这种想法被称为**"灾难化想法"**。你还把哪些事情朝最坏的情况想过？

灾难化想法： 把没那么严重的事情想成灾难。

➡ 我们还可能会忽视事情好的方面，以及我们做得好的地方，而只注意到不好的地方。比如，如果我们大部分时候考试成绩都很好，偶尔一次考得不好，我们常会关注糟糕的这次，忽略一直以来考得好的情况。这种思维方式叫做**"全或无思维"**。你是不是也有过忽略事情的其他方面，用单一视角看问题的情况？

全或无思维： 极端地看待事物，忽视其他可能性。这种思维方式也叫"非黑即白思维"，因为这种思维把事物看做全黑或全白，没有中间地带。

全或无思维会导致我们恐惧未来，因为这种思维只关注事物的负面以及过往的糟糕结果。比如说，当你正准备一场考试，而你满脑子想的都是以前失败的经历，你就会开始担心害怕。然而，如果你想一下成功的经历，你就会更有信心更淡定。

当对一个情境感到害怕，或者碰到了一件自认为很糟糕的事情时，你可以问自己几个问题：

➡ 我真的需要担心和沮丧吗？这是否只是我的想法，事实并非如此？换句话说，情况真的糟糕吗？我可以换个角度看待它吗？

➡ 有哪些更有益的想法？

➡ 我陷入全或无思维或者灾难化想法了吗？还有哪些思考问题的积极角度？

积极应对学校的变化

应对变化对每个人来说都很难。如果你平时应对学校的日常安排就很困难，那么一旦老师改变了日程安排，你就更难适应这些变化。变化会让你感到害怕或无助，但是你或许也能从中发现令人兴奋的事情。举个例子，如果老师突然让你做个测试，这也许很可怕，但是如果老师提议大家出去吃午饭，这可能比在食堂吃更是个愉快的变化。

如何更好地应对学校的这些变化呢？你试过这些方

法吗？

深呼吸：深吸一口气，从一数到八，然后缓缓地呼出。将注意力放在腹部，感受腹部的变化。可以把手放在肚子上，感受气体的进出。这样做几次，你会变得平静。如果你想更平静，你可以把眼睛闭上几分钟。

➡️ 练习**深呼吸**。花一分钟时间关注你的呼吸，这个练习会让你应对变化时，头脑更加放松。练习深呼吸时，遵循数八下原则，吸气时数八下，保持住数八下，呼气时数八下。感受腹部随着呼吸上下起伏。你可以随时练习深呼吸，如果你能安静地练习，你甚至可以在课堂上进行深呼吸，不会被老师和同学发现。

➡️ 询问老师接下来要做什么，这样你就可以提前对一些变化做好准备。你还可以让老师提前告知主要的日常变化，比如外出郊游或者改变行程。

➡️ 想一下这个变化属于哪个等级的问题（还记得问题等级吗？不记得的话翻到第16页看看）。你可能会发现这个变化没有你最初认为的那么严重。

➡️ 注意一下小伙伴们是怎样应对变化的。如果班上有同学会很好地应对新环境，那么试着向他学习。

➡️ 回忆一下之前遇到的变化，你是如何成功解决的，这有助于你应对新情境。

在课堂上受挫怎么办

诱因：这里是指让你感到沮丧的事情。

下面列举出一些使你在课堂上感到沮丧的**诱因**或情境，以及一些有益想法，帮助你学会淡定高效地处理问题。

当你看完这些使你沮丧的常见情境，思考一下它们属于哪个问题等级，以及从长远来看它们是否严重。

情境：课堂作业得分低。

有益想法：或许课堂作业中得到比预期低的分数，是老师为了帮助你进步，让你更有动力努力学习。

解决办法：课后找老师，有礼貌地跟老师沟通，或者给老师发邮件（邮件样本见第30页）。向老师请教怎样提高成绩，认真听取老师的建议。

情境：同学说你坏话。

有益想法：有时候可能听上去像挖苦嘲笑，而实际上同学本意并不是如此。一定要思考这些话真的是为了伤害你，还是同学为了搞笑。

解决办法：你如果觉得这位同学的确是在不停地挖苦嘲笑你，可以私下里告诉他不要再这样做，但不要当着大家的面说。如果不管用，你就需要告诉老师，让老师制止他。

情境：噪声太大让你烦躁。

有益想法：你可能当下觉得很抓狂，但是提醒自己休息一会儿就会好的。

解决办法：提前跟老师商量找一个地方，当你感到烦躁时就去这个地方，比如，老师允许你暂时去操场或者去校园里待会儿吗？你可以跟老师申请暂时离开吵闹的环境，比如逃生训练、赛前动员会或者吵闹的音乐会。如果不能离开的话，就戴上小的耳塞，这样其他人也不会看到。如果你有便携的音乐播放器，你还可以戴上耳机听轻音乐。最好在教室外面听，这样比较尊重老师和同学们。有些学校不让戴耳机，所以务必提前跟老师协商好。

情境：老师让你停止讨论你感兴趣的话题。

有益想法：设想一下老师有很多内容要讲，没有足够的时间让你讨论你感兴趣的某一话题，比如太阳系、第二次世界大战等。思考一下老师是想阻止你讨论，还是为了维持课堂秩序。

有很多种思考诱因的有益方式，它们会帮助你学会淡定高效地处理问题。

解决办法：提前安排一个特殊信号，比如当你偏离主题太远时，让老师拍一下你的肩膀。你可以私下里再找老师探讨你感兴趣的话题。或者加入相应的社团，在这个社团里畅聊大家共同感兴趣的话题，这样就不用非得在课堂上讨论了。

情境：给你们在课堂上演讲的人临时换了，你被突如其来的变化吓了一跳。

有益想法：想想你以前经历的日常变化，比如说外出郊游或者参加班会，提醒自己可以成功应对，甚至享受变化。

解决办法：休息一下，比如说去操场走走。深呼吸，让自己感到更平静，你可以深深地吸气呼气，将注意力集中到你的呼吸上一两分钟，赶走沮丧和愤怒的情绪。当课堂规则要做出改变时，让老师提前告知你。这样你就不会被突如其来的变化吓到。

学以致用

想一下，教室里有哪些情境会使你沮丧？你有哪些应对的想法和解决办法。

我遇到的情境：

_____

我的想法：

_____

我的解决办法：

_____

_____

_____

_____

识别情绪，学会冷静

了解自己什么时候需要冷静的第一步，是识别自己烦躁或者沮丧的情绪。身体就像一辆车，它大部分时候是在平稳地运行，但有的时候你的"引擎"会过热。当"引擎"过热时，你需要停下来，让"引擎"——也就是你的大脑和身体——有时间冷却一下。及时识别"引擎"过热很重要，如果你给自己时间休息会儿，你可能就不会被压倒。如果你没有及时休息，"引擎"就容易出问题。你怎样才能识别自己的情绪呢？以下指标可供参考：

- ➽ 你感到疲惫。

- ➽ 你感到饥饿。

- ➽ 你感到生气。

- ➽ 你意识到脸色变红和发热。

- ➽ 你感到沮丧。

- ➽ 你感到身体在发抖。

- ➽ 你掌心出汗。

你还能想到其他指标吗？

汽车的仪表盘会告诉驾驶员引擎过热，轮胎没气了，或者需要加油了。虽然你的身体不会显示这些指标，但你有其他可识别的指标，比如感到疲惫、发抖、紧张、出汗。如果你发现这些信号，那么是时候休息一下了。下面有一些策略来帮助你冷静下来。

如何学会冷静

如果你内心特别烦躁、沮丧、不知所措，那么你应该怎么做呢？

下面这些方法会帮助你冷静下来：

➡ 练习深呼吸。深吸一口气，将注意力放在呼吸上，慢慢呼出。将手放到腹部，重复做几次。深呼吸时可以闭上眼睛。

➡ 闭上眼睛想象一个静谧的场景，比如湖边、海边、森林。

➡ 问问老师你可不可以到操场散会儿步，或者喝点水，跟老师提前商量好，只有当你在教室里难以平静时才可以这么做。如果你不愿意出去，你也可以待在教室里。

➡ 问问老师你可不可以在体育比赛或者课间休息时听音乐。把音乐播放器和耳机带到学校，放在一个安全的地方，需要的时候拿出来用。为了防止丢失，你可以在背面写上名字。

➡ 朝窗外望一会儿。将注意力集中到一个静止的物体上，比如一棵树或者一朵云上。

➡ 当教室里光线太刺眼时，你可以请求老师允许你戴一顶鸭舌帽，除非学校规定不让戴帽子。其实，许多教室的灯亮得刺眼。

➡ 向老师申请比赛时或者午饭间，去人少的操场上走走，或者去安静的图书馆坐会儿。

➡ 在教室外做运动，比如开合跳或撑墙做俯卧撑。

➡ 当你心情逐渐平静下来时，想象温度计的温度也在下降。

你可以提前反复练习这些方法，为应对学校里的烦心事做好准备。

学以致用

你有哪些让自己冷静下来的方法？

　　你用过以下方法吗？在每一个方法前面标注是，否，有时。

　　＿＿深呼吸。

　　＿＿揉搓毛绒玩具。

　　＿＿想象你在一个静谧的地方，比如森林里、花园里，或者卧室里。

　　＿＿出去散散步，或者喝点东西。你需要提前告诉老师，当你感到沮丧时你要进行这样的休憩调整。当然，你不能太频繁地离开教室，以免错过课堂内容。

　　＿＿经过老师的允许之后，可以走出教室做做运动，比如两脚分开，双手扶住墙，用力往外推，直到你感到更放松一点。

　　＿＿当你慢慢冷静下来时，想象一个温度计的温度也在下降。

　　你还有哪些让自己冷静下来的有效方法？

_____

_____

- 尽量不要在手机或其他设备上玩游戏。玩游戏不是帮助你冷静下来的好方法，因为有时候游戏机不带在身上，而且你们老师和校长可能不允许带游戏机上学。

- 判定一下你现在面临的问题等级，或者说你的问题有多严重。大多数问题是一级问题，意思是尽管它们很令人沮丧，但不会造成持久的困扰或伤害。告诉自己问题很快就会解决。

有时候很难冷静下来，但你不想把事情变得更糟。当你很生气时，下面这些事情你最好不要做：

- 在你平静下来之前，最好不要和其他人交谈，包括朋友和老师。你可能会说一些伤人的话，而你本意并非如此。如果你觉得自己能礼貌地向他人寻求帮助，那就去跟他人交谈吧。

- 不要待在人多拥挤的地方。尽可能地远离别人。

- 不要用暴力表达愤怒。通过运动来释放你的能量，舒缓情绪。

如何把内心的想法告诉老师

现在你已经了解情绪不好时的征兆、原因和一些解决办法，把这些整理下来，向老师寻求帮助。你可以给老师发邮件、写信，或者直接当面跟老师谈。

亲爱的 _____ 老师：

我希望您对我在课堂上的表现，有更多的了解。我爸妈告诉过您，我有阿斯伯格综合征。这意味着当我努力想在课堂上好好表现，认真学习时，有些事情却会让我烦躁不安。我也不想变成这样子，因为我喜欢学习 _____。我发现 _____、_____ 和 _____ 会让我很沮丧。

（这里填学科。）

（填入最让你沮丧的三件事，比如小组课题、教室里太吵闹、日常事情有变动。）

当我感到沮丧时，我想尽量待在教室里，运用 _____ 和 _____ 让自己冷静下来。但是，有时候我需要离开教室一会儿，我要 _____。当我需要离开时，我会告诉您一个信号，比如 _____。

（填入最有效的两种策略，比如深呼吸和朝窗外望一会儿。）

（填入你要做什么，比如："我要散会儿步，喝点水，然后尽快回来。"）

（和老师一起商量一个信号，比如摸一下鼻子或耳朵。）

很感谢您的帮助。请您告诉我这些是不是好主意，可不可行。

谢谢您！

_____

（填上你的名字。）

向他人寻求帮助

每个人都有开心和不开心的时候，但是如果不开心的日子太多，你就需要告诉父母、老师或者其他你信任的大人了，比如邻居、亲戚。

下面有一些信号，这些信号表明你需要寻求帮助：

- ➡ 你在否定自己和自己的能力。
- ➡ 你感到被孤立或者孤单。
- ➡ 你不想起床。
- ➡ 你一整天都处于担忧之中。
- ➡ 你睡不好。

你如果为此感到焦虑和失落，请找一个你信任的大人聊聊，告诉他你的感受。

制订目标：

管理好自己的情绪

现在你已经学会如何理解你的感受，接下来给自己制订一些目标。这些目标要符合 SMART 原则，即具体的、可评估的、可实现的、现实的、有时限的。例如，下面列出的几个目标可供参考：

- ➡ 这周当我开始感到烦躁或者焦虑时，我会尽量想办法让自己冷静下来。

➽ 当我感到烦躁或者焦虑时，我会花一分钟时间观察我身体的感受。如果可以的话，我会在校园里散散步。

➽ 当我确实感到难过时，我会告诉爸爸妈妈，并且想办法让自己平静下来。

通过本章的学习，你更加深入地了解了自己：你的感受、让你沮丧的原因、在教室里感到烦躁时让自己冷静下来的办法。下一章将帮助你学会跟老师沟通和交流，让老师和你一起寻找解决问题的好办法。

第 3 章

会向老师寻求帮助

你可能意识不到，得到老师恰当的帮助会让你的学业轻松很多。为了获得老师的帮助，你需要先了解自己的长处和不足。如果你知道自己哪些方面需要帮助，你才可以表达清楚你的需求。但是要记住老师还要帮助其他同学，所以你不能占用老师过多的时间，而且要对老师的帮助表示感谢。

自我测试：

你会寻求帮助吗？

1. **老师有多了解你?**

   a. 老师只知道我的名字。

   b. 老师认为我很安静。

   c. 我和父母跟老师解释过我的情况，我们会一起面对。

2. **你会向老师请求帮助吗?**

   a. 我不向老师请求帮助。

   b. 我有时候会向老师请求帮助，但是我很难清楚地告诉老师我需要什么。

   c. 老师了解我的长处和不足，我们会定期讨论学业任务。

3. **你会对老师的帮助表示感谢吗?**

   a. 我不会表示感谢。

   b. 我想表示感谢，但不知道怎么做。

   c. 我会感谢老师，有时会帮老师做些事情，比如帮老师收作业或者帮助其他同学。

如果你大部分回答的是"a"，说明老师可能不太了解你，你需要用更好的办法向老师寻求帮助，并且解释你的情况。

如果你大部分回答的是"b"，说明你有主动请求老师帮助你在课堂上更好表现的意愿，这很好。继续阅读本章，你能找到与老师沟通和交流的方法。

如果你大部分回答的是"c"，说明你能很好地请求老师的帮助。阅读本章，你能学会如何告诉老师你的需求和情况，怎样可以做得更好，以及怎样向老师表达你的感谢。

要不要向老师解释阿斯伯格综合征

你需要思考的第一件事，是要不要告诉老师你有阿斯伯格综合征。是否告诉老师你有阿斯伯格综合征，这完全由你和父母决定。关于告诉老师这件事，下面列出了一些反对的理由和赞成的理由。

反对的理由（告诉老师也许不是个好主意）：

➡ 老师可能会对你形成**刻板印象**，认为你和其他阿斯伯格综合征孩子一样，或者就像他自认为的阿斯伯格综合征的样子。比如，很多人会认为有阿斯伯格综合征的人都有数学天赋，但事实并非如此。如果老师对你形成刻板印象，那

刻板印象：人们对某一类人或事物产生的比较固定的看法，认为这一类人都具有该特征，忽视了个体的差异。

么他可能很难了解到你真正的样子。

➡ 老师可能会认为你是个很有能力的学生，也可能认为你是没有能力的学生。

➡ 老师可能会认为你以阿斯伯格综合征为借口逃避学习。

赞成的理由（告诉老师是个好主意）：

如果老师知道你有阿斯伯格综合征，他会更容易理解你的行为，并为你提供帮助。

➡ 老师可能之前接触过阿斯伯格综合征的孩子，如果你告诉他，他会更好地理解你。比如，他能理解你为什么在人多的场合或者吵闹的教室里会烦躁，知道你不是故意的。

➡ 老师可能会看很多关于阿斯伯格综合征的书，了解相关的信息，这样不仅对你有帮助，对其他阿斯伯格综合征的孩子也有帮助。

➡ 送给老师一本关于阿斯伯格综合征的书，比如本书最后列举的一些参考书，老师更可能了解你的能力，也会明白有阿斯伯格综合征并不意味着不能成功。

➡ 如果你在学校享有一些特殊帮助，比如暂离教室，那么老师会理解你为什么需要此类帮助。实际上，如果你享有这些帮助，你的老师会因为知道你有阿斯伯格综合征而更加理解和支持你。

➡ 如果你以正确的方式跟老师沟通，他会理解你不是故意不学习，而是在尽自己的努力把事情做好。

其实，即使不告诉老师你患有阿斯伯格综合征，也能向老师说清楚你的需求。比如，你可以这么说：

➡ 我发现很难跟上您的讲课进度，如果您把重点知识写在黑板上，我可以抄到笔记本上，就会学得很好。

➡ 我有时需要您帮助我学习功课，所以我能在课下找您辅导功课吗？

你可以问问你的父母，看是否跟老师和同学说这件事。不要因为尴尬而隐瞒，了解这些的人会知道阿斯伯格综合征的学生聪明又有能力。

向老师解释你的需求。

向老师积极表示，你想在课堂上好好表现。

告诉老师你的学习方式

如果你在学期刚开始就向老师解释你的学习方式，告诉他应该怎样帮助你学习，让你在教室里感到更舒服，这样做有助于你更好地跟老师相处。老师也需要了解你的情况。比如说，当你跟别人说话时，注视对方的眼睛对你来说很难。这种情况对于阿斯伯格综合征的孩子和成人很正常。如果老师不了解阿斯伯格综合征，那么他会认为你不看他人的眼睛是不礼貌的。如果老师知道你很难做到直视他人的眼睛，他就不会认为你不礼貌了。

在刚开学或者上一学年末时，你和父母最好当面与老师聊一聊，说明你怎样才能做到最好。你可以事先演练一下到时候怎么说。

你可以这样说（但不是必须这样说）：

➼ 我很难注视别人的眼睛，但是如果您能用一个特殊的信号提醒我，比如指着您的眼睛，我会尽量看着您的眼睛。

➼ 如果教室里太嘈杂、光线太亮、太混乱，我有时候会受不了。之前的老师允许我暂时出去，等我冷静了再回到教室。我在您的课堂上也可以这样做吗？我可以出示一个信号，比如我摸一下鼻子，意味着我需要短暂休息了。

➼ 我有时会忘记写作业。您能在放学前把作业要求写在黑板上吗？我保证记到纸上，尽力完成。

➼ 有时候我很难应对日常安排出现的变化，我希望所有的事情都保持不变。对于日常安排的变化，如果我能提前得知，这对我很有帮助。

➼ 通过看别人写下来的东西，我往往能学得更好，所以您能把知识点写在黑板上吗？我如果仅仅通过听来学习知识，就很难吸收和掌握。

对于如何帮助你，老师会有自己的想法，你也应该听听他的建议。不过，老师不会总是对你有求必应，因为他还有许多学生要照顾。但是，如果你能在开学时或者再早一点就跟老师沟通，你会和老师相处得更好。

学以致用

将你的情况告诉老师

　　你最想让老师知道的五件事情是什么？这些事情有助于老师帮助你吗？

1. _____

　　_____

2. _____

　　_____

3. _____

　　_____

4. _____

　　_____

5. _____

　　_____

有很多类似OASIS的网站，你能从中下载一些有关阿斯伯格综合征的基本介绍，然后交给老师看一下。

利用网络资源帮助你和老师沟通

如果你觉得自己向老师解释不清楚你的情况，那么你可以上网查找资料（比如OASIS阿斯伯格综合征信息和援助中心网站 www.aspergersyndrome.org），网上有教师专用手册，以便老师了解阿斯伯格综合征学生的行为和个性。你可以在网上下载这些手册，当父母和老师见面时给老师。你也可以把手册稍稍更改，使之更符合你自己的情况。如果你愿意，你可以看看手册上的内容，利用它来帮助你和老师沟通，让老师了解你是怎么思考的以及怎么能做得最好。

帮助老师做些事情

为了感谢老师为你提供的帮助，你也可以想办法帮助老师。如果你帮助老师，老师也会更愿意帮助你。

你愿意做下列事情来帮助老师吗？

➥ 有同学学习某学科很吃力，而你学得比较好，比如数学、科学、历史，你可以去帮助他。

➥ 整理教室或图书馆的书。

➥ 主动擦黑板。

➥ 就你感兴趣的领域作一场报告，不管是探险、恐龙还是其他的，为课堂讨论增加话题。

礼貌地说清楚你的需求

面对学习任务，你有时候可能需要帮助。寻求帮助不是弱点，相反，会寻求帮助是一种能力。当你向老师或教练寻求帮助时，你是在告诉他们你想在他们的课上表现好，而且想进步。同时，你也表示出你愿意承认需要他人的帮助。

寻求帮助的第一步，是意识到什么时候遇到困难。就算你很聪明，你也不可能理解学校所有的一切，你也不要期待理解所有。你在哪些方面有困难呢？如果有，请写下来。

你需要帮助的方面：

1. _____
   _____

2. _____
   _____

3. _____
   _____

（如果在其他方面还有困难，也可以写下来。）

跟老师说话时，一定要尊重老师，考虑老师的时间。（更多关于和老师沟通的内容见第4章。）下面是一个向老师寻求帮助的例子：

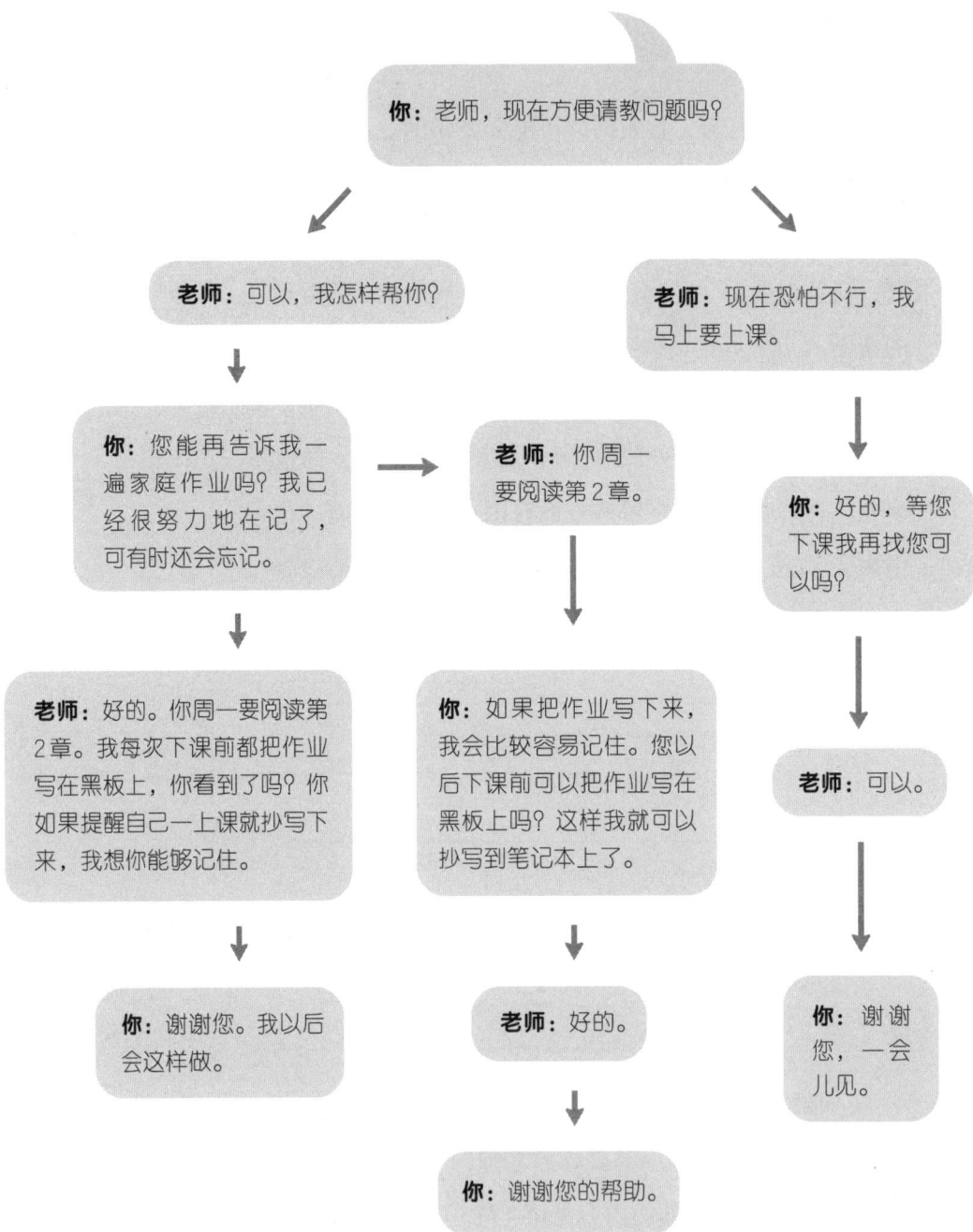

你：老师，现在方便请教问题吗？

老师：可以，我怎样帮你？

老师：现在恐怕不行，我马上要上课。

你：您能再告诉我一遍家庭作业吗？我已经很努力地在记了，可有时还会忘记。

老师：你周一要阅读第2章。

你：好的，等您下课我再找您可以吗？

老师：好的。你周一要阅读第2章。我每次下课前都把作业写在黑板上，你看到了吗？你如果提醒自己一上课就抄写下来，我想你能够记住。

你：如果把作业写下来，我会比较容易记住。您以后下课前可以把作业写在黑板上吗？这样我就可以抄写到笔记本上了。

老师：可以。

你：谢谢您。我以后会这样做。

老师：好的。

你：谢谢您，一会儿见。

你：谢谢您的帮助。

父母如何帮助你

经过漫长的一天之后，父母以及其他你信赖的大人，比如祖父母、保姆、其他亲戚，都会准备给你一个拥抱。他们能帮助你解决问题、想出做事情的新方法，帮助你更好地与人相处，帮助你完成家庭作业。但是要记住，有些时候你只能靠自己。父母就像足球教练或篮球教练，他们站在赛场边，教你一些方法，帮助你为比赛（上学）做好准备。比赛结束后（放学后）你可以跟他们交流。但是在学校的时候，你不得不自己拿主意，独自和老师同学们相处。当你遇到困难时，你可以请求父母的帮助。下面有一些好方法，你可以和父母或其他大人一起为上学做准备：

➡ 你们可以事先练习和老师同学的谈话。

➡ 在角色扮演中，让父母扮演其他人的角色。

➡ 你们可以商讨解决问题的最好办法。

➡ 你可以跟他们讲述你忙碌的一天，分享你的经历。

➡ 你可以跟他们谈论你的梦想和目标。

下列事情是你应该自己做的：

➡ 如果你想交更多朋友，或者寻求学业上的帮助，你应该先试着跟其他小朋友交流或者跟老师交流。如果你仍然感到困难，再向父母请教。在父母跟老师和同学交流之前，你先让他们教你怎样与人交流。

➡ 当你进入中学时，你应该自己安排和朋友们的聚会。如何邀请朋友来家里，说什么，做什么，第6章将给你很多有用的建议。

➡ 你应该独立自主地做家庭作业。如果你对作业有疑问，应该问老师。父母可能也会帮助你，但他们不能替你做。

➡ 你每天晚上都应该列出一个任务清单。试着写出课堂上学的内容，如果有忘记的，去问老师和朋友。你还可以利用学校网站查找课堂作业。如果你做起来有困难，当然也可以问父母，但是要努力想办法争取自己完成。如果有学校网站，可以让老师或父母先教你怎样上网查找老师留的作业，之后自己独立去做。

➡ 如果每天晚上都是父母帮你整理书包，你应该让他们帮忙列出一个你需要的物品清单，然后你照着清单自己整理书包。这是为你上高中和成年做准备，因为到时候你就需要每天自己整理东西了。

制订目标：

向老师请求帮助

目前你已经学习了如何把自己的情况告诉老师，以及寻求帮助的规则，现在就写下几个目标吧。记得要让你的目标符合SMART原则，即具体的、可评估的、可实现的、现实的、有时限的。例如，下面有一些目标你可以参考：

➥ 我将会跟体育老师解释阿斯伯格综合征对我的影响。我跟他说话时尽量看着他的眼睛，向他解释打篮球时的吵闹声会令我不舒服，我想申请加入慢跑队伍。

➥ 我会问老师如何安排假期的音乐会，这样，我到时候就会更舒服地享受音乐会。

➥ 当英语老师让我重写作文时，我会找他问清楚写作要求。我会先给他发邮件问他什么时候方便，这样比较有礼貌。

本章帮助你找到向老师请求帮助的办法，在下一章，你将学到关于课堂的更多规则，这些规则虽然没有被明确写出来，但老师希望你能遵守。

第 **4** 章

你知道教室里的这些规则吗？

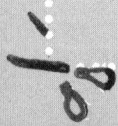

你有时候无法理解老师的意思，但要努力去理解。积极参与课堂讨论，对老师同学友善宽容，这也是你成绩的一部分。你即使不赞同老师的观点，甚至认为老师既不明智也不友善，也要懂得如何礼貌地跟老师沟通和交流。

在本章中，你将了解一些在教室里没有明文贴出的规则，还将学习如何参与课堂讨论，这些在中学里非常重要。你可能太害羞，不想参与课堂讨论，或者很难真正理解其他同学在说什么；你可能有时候会无意打断或影响别人的谈话，尽管如此，你仍然需要参与课堂讨论，本章会帮助你学习如何加入课堂讨论。

自我测试：

你了解教室里的这些规则吗？

1. **课堂讨论时，你会：**

    a. 打断同学们，发表自己的观点。

    b. 当对同学们讨论的内容不感兴趣时，你会叹息或者表现得不耐烦。

    c. 尊重同学们的观点。

> 你在学校需要尊重老师，理解教室里的规则。

2. **如果你在测验中得了低分，你会：**

    a. 撕掉试卷，因为老师给你低分显然是老师的错。

    b. 要求老师花费更多时间来帮助你复习这些"无聊的东西"。

    c. 给老师发邮件，礼貌地约老师见面，请教老师下次考试怎样才能提高。

3. **如果老师要求你把上课讲的内容写下来，你会：**

   a. 不理会他。

   b. 写在手上。

   c. 写在笔记本上，并在旁边标注。

4. **当老师告诉你，作文想得"A"你需要怎么做时，你会：**

   a. 告诉老师你不可能得"A"。

   b. 对老师的话左耳朵进，右耳朵出。

   c. 记下老师说的要求，并且写作文时努力照做。

5. **当老师要求作业要干净整洁时，你会：**

   a. 直接交手写的草稿。

   b. 试图涂改掉或者圈出你写错的地方。

   c. 把作业打印出来并检查错误。

   如果你大部分回答的是"a"，说明你可能不理解老师的意思，不清楚老师想让你做什么。你以为自己理解了，但是老师给你的作业打分比你的预期要低，对此你一直很困惑。那么继续阅读本章，你会学到如何发挥你的优势，得到更好的成绩。

   如果你大部分回答的是"b"，说明你有点理解老师的意思，你需要更加认真了解老师和同学们的要求和关注点。继续阅读本章，你会提升对老师的规则和话语的理解力。

如果你大部分回答的是"c"，说明你足够理解老师的意思，能听懂老师的要求。不过还是继续阅读本章，你可能会发现还有一些你不知道的潜在规则。

改善你的肢体语言

在教室里，你的**肢体语言**也传达着很多信息。肢体语言是你运用肢体——你的姿态、动作、面部表情——表达的一种方式，就像英语或者其他语言一样。实际上，有时候肢体语言比口头语言更重要。专家认为人们之间60%~90%的交流来自肢体语言。你的姿态向对方传达着信息。你甚至可以不说话，而准确地向老师和父母表达你的感受。比如，下列信号表示你不耐烦或不想参与：

肢体语言：你运用肢体传达你想表达的意思。

➡ 打呵欠。

这会显得你特别不耐烦，看起来要睡着了。

➡ 趴在桌子上。

➡ 瘫坐在椅子上。

这或许会让你更舒服，但这表示你对对方说的话不感兴趣。

➡ 把手放在耳朵上，或者用手捂住耳朵。

➡ 低头看地板。

这给人的感觉是你没有集中注意力。

➡ 随意翻书本。

➡ 双臂交叉。

这会让你看起来在防御别人或者很愤怒。

➡ 把帽子遮在脸上。

你可能会注意到，许多孩子需要改善肢体语言，不只是阿斯伯格综合征的孩子！实际上，大多数孩子都需要改

这表明你在无视对方。

善肢体语言。下面列出的肢体语言，会帮助你表达感兴趣和想要参与的意向，或者表达对老师和同学的尊重。即使你对课堂内容并不感兴趣，也需要学习一下。

> ➡ 注视说话者，不管他是老师还是同学。
>
> ➡ 一边在笔记本或电脑上记笔记，一边不时地看一眼说话者，或者记完一段，就看向说话者。
>
> ➡ 把书翻到你正在学习的那一页。
>
> ➡ 坐正。
>
> ➡ 和对方保持适当的距离（大约一臂远）。
>
> ➡ 说话的声音要让对方能听见，但也别太大声，以免吵到对方。

即使你想表达感兴趣，也不要离别人太近，否则会让对方感到不舒服。

怎样跟老师交流才有效

礼貌地跟老师说话很重要，这说明你尊重他们。记住，如果你对老师的话表现出感兴趣，老师会更愿意帮助你，而且你跟老师的交流和沟通也可能会影响你的成绩。尽管老师没有明说课堂讨论和与老师交流会影响你的成绩，但是，如果你礼貌、懂事，在他们的课上很努力，他们可能会更愿意帮助你学习。下面的一些方法，会帮助你和老师更好相处，清晰有效地和老师交流。

跟老师交流要注意什么

尽管肢体语言能传达很多信息，但是口头语言也很重要。下面是几条礼貌交流的规则。如果你遵守这些规则，会表达出对老师的尊敬。

➡ 在教室或者校园其他地方，见到老师要说"您好"。下课时要说"再见"。说"您好"和"再见"时，要看着老师的眼睛，说明你的注意力在他们的眼睛上。

➡ 说"请"和"谢谢"。

➡ 需要老师帮助时，要请求而不是命令老师，并向老师表示感谢。

➡ 请求帮助不要太羞涩，因为每个人都需要帮助。

➡ 不要侮辱老师，也不要辱骂作业。

➡ 不要怀疑老师的智商。

➡ 就算某学科不是你最喜欢的，也要对它感兴趣。

➡ 在交作业的日期或考试日期之前，提前找老师请求帮助。

➡ 如果你要约见老师，给老师多个备选时间，如果只提供一个时间，老师可能在那个时间很忙。

➡ 找老师帮助时，告诉老师你确切需要多长时间，尽量不要超时。

有很多与老师礼貌交流的方式，不管是跟老师说话还是发邮件，你都要有礼貌。

学以致用

评估一下你和老师的交流

　　你如果想向老师询问有关作业的事情，可以试着运用前面讲过的规则。和老师交流完后，检查一下你有没有做到以下几点：

1. 尽管我很害羞，但我还是跟老师说话了：
   ___是的
   ___不是
   ___不确定

2. 我是在老师不忙的时候去找他的：
   ___是的
   ___不是
   ___不确定

3. 我清楚地告诉老师我的需求：
   ___是的
   ___不是
   ___不确定

4. 我看着老师的眼睛说话：
   ___是的
   ___不是
   ___不确定

5. 我说了"请"和"谢谢"：

　　＿＿是的

　　＿＿不是

　　＿＿不确定

我下次和老师谈话的目标是：

_____

（写下你上面选"不是"或"不确定"的选项。）

和老师交流的其他方式

你如果觉得很难当面跟老师说话，可以给老师发邮件。这种交流方式对你来说更容易，但发邮件也需要用礼貌用语。

这里有一个学生给老师发邮件请求帮助的例子。记住，学生给老师发邮件要写全名，不要用"嘿"或"嗨"开头。另外，邮件的用语也要符合前面提到的规则。

很好！礼貌地称呼老师。

敬爱的史密斯老师：

　　我对下周要交的历史论文有些问题想问您。

　　您周二或周三午餐时间方便吗？我想给您看一下我写的草稿，大约十分钟。

　　谢谢您！

说明你约见老师的原因。

说明你需要多长时间。

感谢老师。

写上你的名字，以示尊重。

学生：李明

这封给老师的邮件说明了这个学生约见老师的原因，谈话需要的时间。该生已经完成了论文草稿，而不是所有事都依赖老师。在邮件最后，学生感谢老师付出时间，并且邮件用语是书面语而非口语，书写和语法也都正确。

学以致用

礼貌地请求帮助

阅读以下同学写给老师的邮件，给这些邮件评出"非常好""较好""还可以""还需努力"。运用你前面学过的规则评价每个学生做得怎么样。

敬爱的史密斯老师：

我拼写考试没考好。我平时用抄写单词的方法来练习拼写，但考试时还是出错。我想约见您，请教有什么方法可以让我做得更好。您看什么时间合适呢？非常感谢！

苏菲

嘿老师，

拼写真是浪费时间！大家都知道，电脑可以为你检查拼写啊。我想跟你聊聊这件事，看什么时候可以废除拼写考试。

露西

这两位同学，哪位：

___礼貌地称呼老师？

___清晰描述了她需要帮助的内容？

___询问老师合适的见面时间？

___感谢老师的帮助？

___尊重老师和他的工作？

你可能已经猜到第一位同学做得更好。她告诉老师她想努力做得更好，可能她很用功了却仍然没有考好。她询问老师方便的见面时间，希望得到老师的建议，并且感谢了老师。

第二位同学和第一位同学遇到的问题一样，但是她请求帮助的方式会让老师不愿意帮她（就算老师会帮她，但老师更愿意帮助第一位有礼貌的同学）。第二位同学对老师的工作不尊重，她希望废除拼写考试，而不是告诉老师她很努力。

虽然这两位同学遇到相同的问题——拼写能力差，同样请求老师的帮助，但是第一位同学比第二位同学更容易得到老师的帮助。

你可以从中学到：请求帮助的方式非常重要！你要礼貌地告诉老师你正在努力学习，询问老师方便的见面时间。

理解老师的意思

还记得上幼儿园的时候吗？老师把规则贴在教室里，比如"把手放在身后""想说话时先举手"。幼儿园老师制订的这些规则清晰简洁，让你很容易理解。到了中学，规则就不会如此清晰了。老师希望你在课堂讨论中要公平、礼貌待人，但他们不会明确告诉你该怎么做。

虽然老师希望你理解他，而你可能并不清楚他的期待，甚至他解释问题的方式可能会让你很困惑。作为学生，你的职责就是要听老师的话，努力理解他的意思，并照做。你如果不明白，一定要问老师。

检查一下你是否能理解老师常说的这些话，当他说下面这些事情时，你明白他的意思吗？

老师说："你要独立做这项作业。"

老师的意思是：不要从网上、书上、杂志上直接复制，也不要逐字照抄。这叫**剽窃**，是违反学校规定的。你可以引用，或者用自己的话表达，引用的参考文献也要写下来交给老师。不要抄袭别人的劳动成果，也不要让别人替你做，同样也不要让别人抄写你的作业。

老师说："学习第5章和第6章"或者"这周末认真复习第5章和第6章"。

老师的意思是：下周会有关于这两章的考试或其他任务，所以你应该认真学习第5章和第6章，为考试做准备。

老师说："课堂讨论很重要。"

剽窃：抄袭别人的作品，有意地逐字摘抄文章、网上的内容或别人的论文等，没有转换成自己的话。剽窃违反学校的规定，会给你带来麻烦。你应该独立完成自己的作业。

老师的意思是： 每次课堂讨论你都应该发表与主题相关的观点。"相关"的意思是跟主题有关系的，而不是你感兴趣但与讨论主题无关的内容。不要**独占**讨论时间。你要尊重其他同学，如果有同学回答错误，或者你觉得他们的观点很不好，也不要说出来。在课堂上踊跃参与，不要显得不耐烦。

老师说："尊重每一个人。"

老师的意思是： 不要侮辱同学们，也不要侮辱他们的想法。如果他们错了，让老师纠正他们，你不要纠正他们。如果老师错了，不要在课堂上纠正他。你可以私下找老师，指出他的错误，但是要先确认老师是否真的出错。当众指出别人的错误，只会让人尴尬和愤怒。

老师说："我希望你友善待人。"

老师的意思是： 对于老师和同学们关于学校作业和家庭作业的观点，你可以不同意，但是你不能伤害别人的感受。不能说老师和同学们愚蠢、无聊、丑陋，就算你是这么认为的。通常不说一些词，像"愚蠢""丑陋""肥胖""无聊"，这些词会让人感觉不舒服。不要每次都反对老师的观点，更不要在课堂上大声争吵。如果你不赞成老师说的观点，可以私下找老师探讨。不过，你可以在课堂上指出别人的小错误，比如计算或者书写错误。

老师说："这很重要"或者"把它记下来"。

老师的意思是： 这个知识点下次可能会考到，老师想

独占： 全程都是你自己说，不让别人插话。

让你知道并认真学习。

老师说："作业要整洁。"

老师的意思是：作业要写得整洁，因为你的作业是成绩的一部分。如果你的作业看起来很乱，得分要比作业整洁的低。

参与课堂讨论要注意什么

老师喜欢学生参与课堂讨论，这样学生可以通过发表自己的观点和听取同学们的观点而相互学习。课堂讨论是大家互动的好方式，即使出现错误观点也是很正常的。

同学们在讨论时应该轮流发言，这样每个人都有时间发言（尽管有些人比其他人更加乐意表达观点）。

一个好的课堂讨论要遵循以下基本原则：

➡ 轮流发言，不要独占整个讨论过程。如何知道你有没有独占整个讨论过程呢？你可以发言，但是也要保证给其他同学发言的机会。如果你已经说了很多，那么最好给别人一个机会。如果你已经说了**大约一分钟**，这时候就该让其他同学或者老师说话了。

➡ 说一下你最近阅读的材料，要和讨论主题相关。

➡ 赞美同学的好观点，可以这样说："他说的非常棒"或者"我想接着他的话继续说"。

- 接着同学的话继续说，在他的观点基础上去扩展。

- 允许别人发言。

- 允许有不同的观点。如果别人不同意你的观点，或者他有其他观点，这都可以，即使你觉得他说错了。如果你有证据支持自己的观点，可以提出来，然后就此打住。你不需要纠正同学的错误，让老师去做吧，老师有时候也不会去纠正。

- 检查你的肢体语言：你有没有坐正，有没有看着老师和同学的眼睛？

> 课堂讨论要尊重他人的观点，而不是一味地争执对错。

这些原则可以帮助你顺利进行课堂讨论，下面还有一些你应该避免的行为，因为这些不礼貌的行为会影响讨论，也是不尊重老师和同学的表现。

- 打断老师或同学。

- 讨论跑题，或者只谈论你感兴趣的。这可能很难克制，因为你确实想谈论你感兴趣的东西，就像电子游戏、历史、音乐等。问问自己，你想说的是不是跟这节课的讨论主题相关。

- 因为老师和同学们看起来不聪明，所以你不尊重他们。

- 除了很小的错误（比如计算或书写错误）之外，还要纠正老师或同学的其他错误。

- 打呵欠或者瘫坐在椅子上，表现出无聊的样子。

- 太害羞，完全不参与课堂讨论。

下面是一个可能发生在历史课堂上的讨论：

老师： 你认为 20 世纪最重要的人是谁？

一位同学： 我认为是肯尼迪。

你同意同学的观点吗？

同意

不同意

你： 我愿意接着他的话说。肯尼迪帮助我们避免了核战争，这让他成为 20 世纪最重要的人。

你： 尽管我也认为肯尼迪很重要，但是我觉得最重要的人是乔布斯，他创建了苹果公司。

注意： 你已经提出自己的观点，接下来让其他同学进行发言。

老师： 你为什么认为乔布斯最重要呢？

你： 他用技术改变了人们的交流方式。这对我们的生活非常重要。

其他同学： 但是肯尼迪总统呢？他呼吁人们为祖国做贡献。

老师： 这些人在 20 世纪美国历史的不同方面都很重要。

学以致用

评估你的课堂参与情况

你可以自我评估，通过在平时课堂讨论中的表现，记下你做或没做下列事情的频率，在每件事情后面标注"从不""偶尔""每天"。

你做下列事情的频率：

➼ 举手回答？_____

➼ 将你的观点与前面同学的观点联系起来？____

➼ 赞美同学的好观点？_____

➼ 运用适当的肢体语言，坐正，看着其他人的眼睛？_____

非常好！写下你做得好的地方和需要改进的地方：

_____

你做下列事情的频率：

➼ 打断他人？_____

➼ 说与讨论主题无关的话？_____

➼ 不管其他人，自己一个人说？_____

➼ 发言时瘫坐在椅子上，看着地板？_____

继续努力！写下你需要改进的地方：

_____

制订目标：

遵守课堂规则

目前你已经进行了课堂规则的学习，现在就写下几个目标吧。记得要让你的目标符合 SMART 原则，即具体的、可评估的、可实现的、现实的、有时限的。例如，下面有一些目标你可以参考：

- ➡ 这学期我将会给历史老师写邮件，在论文提交一周前，请求老师的帮助。
- ➡ 我将在英语课堂上尝试接着一个同学的观点继续发言。
- ➡ 这学期我将在课堂上改善肢体语言，坐正并且看着老师的眼睛。

本章帮助你学会了礼貌对待老师和同学们的方式，遵守未明文规定的规则。下一章你将学习处理学校其他事情的方式。

第 **5** 章

在学校的其他场合，要遵守哪些规则

在学校中，除了在教室外，你还会遇到各种各样的场合，比如课间休息、午餐、聚会、音乐会等，也需要遵守特定的规则。在这些轻松的场合中，你有大量的时间可以用于放松和交朋友，你可能会需要一些策略来帮助你和他人更好相处。

自我测试：

在课间休息、午餐等场合，你做得怎么样？

1. 在课间休息时，你是否：

    a. 尽量在教室里待着。

    b. 独自去打篮球或者看书。

    c. 询问其他同学自己能否参与他们的游戏。

2. 在午餐时间，你是否：

    a. 在教室里吃东西。

    b. 独自在学校的自助餐厅吃饭。

    c. 和事先约好的一些同学在定好的餐桌吃饭。

3. 在学校自由活动时，你是否：

    a. 自己玩电子游戏。

    b. 帮助老师擦黑板。

    c. 参加社团活动。

4. 当参加一个聚会时，你是否：

    a. 坐在自己的位置上。

> 这里有一些方法可以帮助你在餐厅以及课间休息期间感到更加舒服。

b. 询问老师，自己可以为聚会做些什么，比如分发杯子或者盘子。

c. 试着和其他小伙伴聊天。

5. **在上体育课时，你是否：**

    a. 尽量避免参加体育运动。

    b. 跟体育老师互动。

    c. 试着参与团体游戏。

    如果你大部分回答的是"a"，你可能需要阅读本章内容，以寻求在学校的社交场合中与人相处的一些方法。学校中的其他人，比如同学和老师可能没有意识到你是一个很好的孩子。

    如果你大部分回答的是"b"，说明你与学校的老师建立了良好的人际关系。你可以运用本章内容提供的一些技巧，以帮助你和其他小伙伴更好地相处。

    如果你大部分回答的是"c"，说明你和其他孩子的互动良好，并且能够很自如地应对学校的社交场合。你可以通过本章内容，再寻找一些可以让自己在课间休息时间、午餐时间以及其他场合中更加愉快的方法。

自如应对课间休息、体育活动、午餐等场合

    你会发现在学校中，自己经常会遇到很多不得不与同

学们互动的场合。

课间休息

课间休息可能是一天中最好的时光，你可以在教室外面到处跑，挥洒汗水，也可以自由地玩游戏，老师不会在这个时候要求你练习书法或者参加考试。这是课间休息美好的一面。

课间休息也有不好的一面。你可能知道，有的时候，有些同学可能会在课间休息时间表现得很不友好。他们以取笑或伤害别的同学为乐趣。遇到**欺凌行为**，你一定要告诉老师，但是，并非所有你不喜欢的行为都是欺凌。如果有孩子试图伤害你或者对你说脏话，你应该告诉你的老师（或者其他监护人，比如你的父母）。你可以私下里告诉老师他们对你做了什么，这样的话，对方就不会知道是你告诉老师的。你可以让老师去跟欺负你的人谈话，或者向老师询问一些自主处理类似事件的方法。本书的第7章详细介绍了更多有关处理校园欺凌的方法。

如果玩游戏让你感到舒服，那你就去玩游戏，比如四方格、贴标签、踢足球游戏。你可以询问正在玩游戏的同学，自己是否可以加入。在你决定加入游戏之前最好先观察一下游戏规则，等到一轮游戏结束时加入游戏，而不是在游戏中途加入。你要等待足球游戏的下一局或者是四方格的下一回合，然后问一问自己是否可以加入。

欺凌行为：故意做出伤害他人的攻击行为。欺凌会以身体或者言语辱骂这两种方式出现。也就是说，校园恶霸们可能会对你进行身体上的伤害，也可能会说你的坏话。如果有人欺负你，一定要告诉大人。

在这里，我们举例说明，你如何加入同学们的四方格游戏：

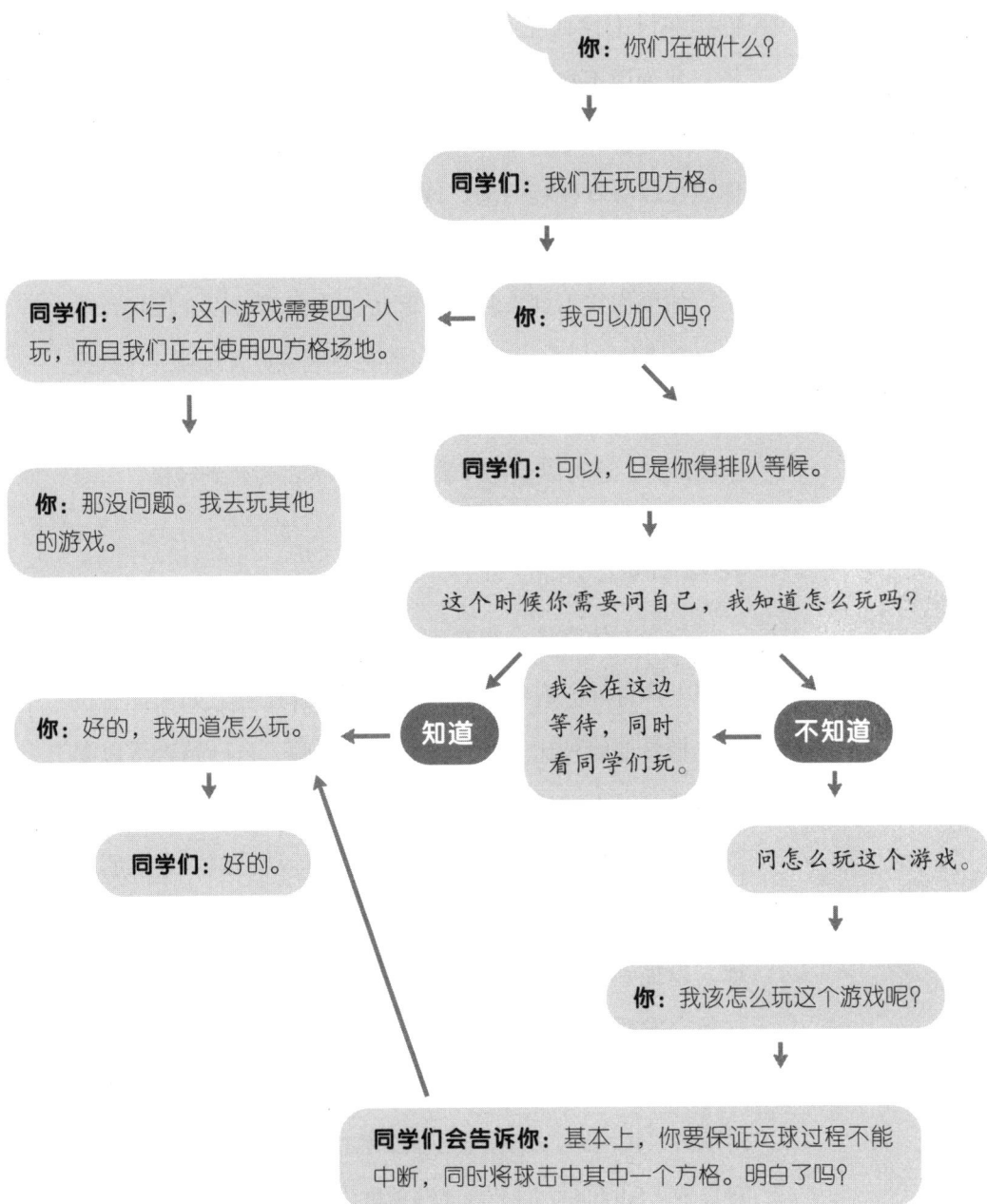

你：你们在做什么？

同学们：我们在玩四方格。

你：我可以加入吗？

同学们：不行，这个游戏需要四个人玩，而且我们正在使用四方格场地。

同学们：可以，但是你得排队等候。

你：那没问题。我去玩其他的游戏。

这个时候你需要问自己，我知道怎么玩吗？

你：好的，我知道怎么玩。

我会在这边等待，同时看同学们玩。

知道

不知道

同学们：好的。

问怎么玩这个游戏。

你：我该怎么玩这个游戏呢？

同学们会告诉你：基本上，你要保证运球过程不能中断，同时将球击中其中一个方格。明白了吗？

如果你不想玩游戏，你还可以在操场跟人聊天。为了更好地与别人聊天，你应该听一会儿或者是问一下："你们正在讨论什么呢？"你也可以寻找正在做其他事情的孩子，比如说正在花园里玩（如果有的话）或者画画的。你可以打球，或者带着棋盘游戏、卡片与别的同学一起玩。你也可以看看操场四周，或者询问同学们在休息时间都玩些什么，来寻找一些其他的活动。

如果你找不到人和你一起玩，你仍然可以在操场待着并且享受休息时间。你可以试着独自锻炼或者玩耍，比如投篮、阅读或者写日记。你的目标是寻找一个可以让你感到舒服的地方，这可以让你在学校的每一天都能感到轻松。

体育活动

因为上体育课会很吵闹，还有激烈的运动，你可能不太想上体育课。有时，你不想参加体育比赛。如果你有机会选择参加何种比赛，你可以询问老师，自己是否可以参加身体接触少的比赛，比如参加排球比赛而不参加摔跤比赛。你如果发现自己不得不参加某项运动，试着寻求朋友的帮助。比如，你可以让朋友和你一起练习投篮或踢足球，以提升自己在这些方面的技能。只需要一些小练习，你就会发现你的运动水平有所提高。

如果你一直不想参加体育活动，你可以让父母去跟老师或者校长沟通。你问问老师怎样才能够更好地参加体育活动，或者问问同学们是否能够帮助你。虽然你可能不会喜欢所有的体育活动，但这是一个和同学们一起玩的很好机会，而且体育活动可以让你的身体更加健康，帮助你缓解压力。

有时，学校也允许你通过选择其他方式得到体育学分，比如瑜伽、空手道、游泳，但是并非所有的学校都提供这些选择。关键是你需要找到一项你喜欢做的体育运动。除了在校内参加体育运动之外，你也可以参加校外的一些活动。这里有一些锻炼身体的活动，并且不用加入一个小组或者置身于吵闹的环境中，比如：

- ➤ 跳舞。
- ➤ 徒步旅行。
- ➤ 瑜伽。
- ➤ 武术，比如空手道或者跆拳道。
- ➤ 攀岩。
- ➤ 游泳。

还有很多活动不需要你加入小组或者置身于吵闹的环境中，同样也能够让你感到舒服和保持身材。试着去寻找适合你的活动。

> 这些活动也是交朋友的好途径，因为你周围的人与你有共同的兴趣爱好，你们可以聊聊共同的话题。

午餐

午餐时间，同学们一般都和自己的朋友坐在一起。如果你每天都能够找到一两个小伙伴一起吃饭，这会让午饭时间更加舒服，你也可以提前和他们约定好在餐厅的特定桌子碰面。如果你没有可以一起吃午饭的小伙伴，那么你可以询问那些看上去比较友好的小伙伴，看是否可以和他坐一个桌子吃饭。你也可以参加一个午餐聚会小组，比如像一些可以一起做事并且一起吃午餐的社团。如果某一天你找不到一起吃饭的小伙伴，你可以询问老师是否可以在教室吃饭。你不用每天都在教室吃饭，不过如果有一天你感到压力过大的话，在教室吃饭会帮助你缓解压力。如果你每天都能找到合适的地方吃饭，你会在午餐时间感到更加舒服。万一找不到合适的地方吃饭，你可以向你信任的老师寻求帮助，他会告诉你可以和哪些同学坐在一起吃饭，并且帮助你和这些同学打交道。

吃午饭时，同学们喜欢谈论体育、音乐、电影以及他们曾经做过的事情或者周末要做的事情。开启聊天的一个好方法就是，你可以问对方是否看过你曾看过的一部电影或者对方是否也在看同一个电视节目。你也可以问他们周末准备做什么。尽管你不太想说老师或者个别同学的闲话，但是这是同学们聊天时一个较为普遍的话题。其他可能会谈论到的事情有：业余爱好或者收藏品，流行的动画片或者漫画书中的角色，发明，或者假想问题，比如"你想要拥有超人的能力或者想要会飞翔吗?"

你还可能会遇到的问题是，跟你坐一桌的同学们可能会谈论一些只有他们自己才能明白的**内在笑话**。如果你遇到这种情况，不要慌张，只要面带微笑就好，慢慢地，你就会懂得这个笑话了——或者至少知道什么时候是笑点。如果他们在嘲笑其他同学，你可以转移话题，因为你不想

内在笑话：只有知道内涵的人才能明白的笑话。要明白这个笑话的意思才能明白笑点。它有时候也被叫做内涵笑话。

跟他们一样去嘲笑别人。如果他们持续嘲笑别人，你可以选择离开他们，再去找新的小伙伴。

如果你不喜欢和别人聊天，或者你喜欢自己一个人吃饭，这也是可以的。你要知道，同学们想要跟你说话，大多数情况下，他们只是想表现得友好，而并非试着想要打扰你。

面对学校的特殊场合，该怎么办

在学校，有时你可能会被要求去参加一些活动，比如生日聚会、毕业会、音乐会。这里有一些小贴士教你怎么应对这些场合。

生日聚会

有时你可能会去同学家参加生日聚会，其实，学校的生日聚会也是类似的情形。虽然这些生日聚会比较吵闹，但是很多孩子都喜欢生日聚会。你要会唱生日歌（如果太吵闹了，尽力去适应它或者去休息室休息一下），同时你要祝福过生日的人生日快乐。通常这种聚会，同学们都会带一些小点心比如纸杯蛋糕到学校，好跟大家分享。

你生日时，可以选择不在学校进行庆祝。你可以事先告诉老师你不喜欢这些聚会，因为很吵闹。不过，你如果喜欢聚会，可以提前准备好自己的生日聚会。当你们唱完生日歌之后，如果老师允许，你们可以在教室吃生日蛋糕或者纸杯蛋糕。

毕业典礼

学校通常会在学生毕业时举行毕业典礼，老师可能会要求你走到教室前面然后接受毕业证书，或者是一张证明你升入高年级的证书。学校会邀请你的父母或者朋友参加。同学们可能会唱歌或者作演讲。当同学正在讲话的时候，你需要保持安静，当老师叫到你的名字时，你要站起来走向前去。

你如果有些担心，可以提前询问老师你需要做什么。那样的话，你在毕业典礼的当天就不会太过于担忧，也会想一些方法去应对遇到的困难，比如说唱歌或者在教室中起身往前站。一旦你去参加过这种类型的庆祝，将来类似的聚会对你来说就变得简单了，因为你知道要做什么。提前询问老师，了解这些规则，这会让你在特定的事件（比如，毕业典礼和生日聚会）上游刃有余。

音乐会

在节日期间，学校通常会有音乐会和时装表演。在这个时候，同学们会上台演奏乐器和唱歌，或者进行其他表演。老师或者校长也会进行全校讲话。在每一个节目结束的时候，你要鼓掌，就算你认为这个节目表演得不好，你也要鼓掌，在音乐会进行的整个过程中你也要保持安静。如果你不想这么做，也不想参加，而且音乐会的吵闹声让你很烦，你可以提前对老师说，将你安排在靠后的位置。

学以致用

想想你怎么处理学校中的困难情境

在以下场合中，你会怎么做？

1. **你环顾餐厅四周，发现一个人都不认识。**

   a. 你找个桌子坐下，并且希望有人来和你聊天。

   b. 你看见了数学课上的一个熟人，问他要不要一起吃饭。

   c. 你计划明天和一些朋友一起吃饭。

   以上的这些方法都可以。计划第二天和你的朋友坐在一起是比较好的，这样明天你就不会再处于同样的情形中了。

2. **在课间休息时间你没有事做。**

   a. 同学们在玩抓人游戏，你询问自己是否可以一起玩。

   b. 你拿出了桌游，问同学是否想要一起玩。

   c. 你找到了一个阴凉处读书。

   这些都是你在课间休息时间可以采用的好方法，这些方法可以让你更好地享受休息时间。

3. **上体育课时，你不喜欢足球运动。**

   a. 你坐在一边，不参加运动。

代课老师

有时，你的老师可能会因为生病或者去别的地方参加会议而不在学校。在这种情况下，不了解你的代课老师会来给你们上课，这一天可能会带给你困惑，并且让你感到紧张和不安。以下是一些应对方法：

➥ 跟老师提前说，如果他要暂时离开，请他给代课老师留一张纸条。这张纸条上写明，你可能会由于教室里来了新老师而感到紧张和焦虑，但是你会尽最大努力和新老师相处。

➥ 记住代课老师也是新来到这个教室中。你认为他的感觉怎么样呢？你认为他会不会也感到焦虑？

➥ 为了和代课老师更好相处，你可以帮代课老师一些小忙，比如提供班级点名册或者告诉代课老师你们放置教室物品的地点。

➥ 在代课老师来之后，你发现虽然他不会像你平时的老师那样让你感到安心，但是你仍然可以顺利地度过这一天。

如果代课老师表现得比较严厉，那可能是因为他试着努力地管理班级。

给代课老师提供帮助，要选择课间休息时间，避开上课的时候。

寻找和同学、老师交朋友的机会

你并不是一定要参加教室外的所有场合，不过这些场合也是你与他人交朋友的机会。考虑一下你是否想要参加以下这些社交场合：

➤ 帮助年幼的小孩。你可能对年幼的小孩很有耐心并且喜欢和他们一起玩。这些年幼的小孩都很喜欢周围有大孩子来教他们知识。你可以去询问老师，看自己是否有机会到低年级班级中去教学生数学或者给他们讲故事。

➤ 帮助同学学习电脑或者其他感兴趣的内容。老师可以想办法帮助你融入课堂，比如将你的技能或者特长（象棋、电脑或者是历史）告诉同学。

➤ 在图书馆帮忙。在学校，你可能与图书管理员接触比较多。图书管理员可能会帮你找到感兴趣的书籍，也允许你在图书馆这个安静的地方阅读和放松。他们也允许你教别的小孩阅读或者使用他们的电脑。

➤ 和大人们聊天。在学校中有很多大人，你可能从来没有想过和他们交朋友，比如在餐厅工作的人、在电教室工作的人或者学校的清洁工。他们很愿意和你聊天、交朋友，这都让学校变成一个更加受欢迎的地方。

制订目标：

适应学校其他场合

你已经阅读了相关规则，那么请写下你的目标。让你的目标符合SMART原则，即具体的、可评估的、可实现的、现实的、有时限的。比如，以下是你可以争取达到的目标：

➡ 这周的午餐时间，我会参加"每周法语俱乐部"的活动。

➡ 这周的课间休息时间，我要去参加一次篮球比赛。

➡ 我会询问老师，即将开展的校园音乐会有哪些要求，如果可以的话，希望老师把我安排在靠后的位置。

在这一章，你学会了一些策略，以帮助你处理在学校教室外遇到的一些场合。接下来，你会学到一些与校内校外的孩子们相处的方法。

第 6 章

怎么与人相处才会有好人缘

在学校，和同学相处的时间比较长，你会发现有时候他们会带给你很多烦恼。当他们做下面这些事情时，你可能会感到有些奇怪：

➡ 无缘由的吵闹。

➡ 沉默。

➡ 互相模仿。

➡ 无缘由的相互嘲笑。

他们有时还会说一些奇怪的话——往往毫无意义——不过在这种令人困惑的情形中，你也可以找到朋友。本章内容会帮助你学会理解他人，交到朋友。

自我测试：

你在学校是如何和同学相处的？

1. **当你想要和人聊天时，你会：**

   a. 什么都不说，期待对方先开始谈话。

   b. 以谈论自己感兴趣的话题开场。

   c. 问对方正在干什么。

2. **在课间休息时间，你会：**

   a. 独自玩耍。

   b. 看别人玩。

   c. 试着和别人一起玩游戏。

3. **你参加学校的社团吗?**

   a. 我不参加,我不喜欢社团。

   b. 我不知道参加什么社团。

   c. 我参加社团,比如戏剧社或者机器人社团,这些社团中的其他人和我有同样的兴趣。

4. **当同学们在开玩笑,你会:**

   a. 忽视他们,因为你不知道他们在笑什么。

   b. 紧张地跟着笑。

   c. 询问同学,让他给你解释一下这个笑话。

5. **放学后,你想和同学们一起玩,你会:**

   a. 希望他们邀请你去他们家。

   b. 试着在吃午饭时和他们坐在一起。

   c. 邀请他们到你家去。

   如果你大部分回答的是"a",说明你是个好孩子,但是同学们跟你不熟或者不知道你的兴趣爱好。你需要老师来帮助你寻找与你兴趣相投的同学来交朋友。请你继续阅读本章内容,找到帮助你理解他人、交到朋友的方法。

   如果你大部分回答的是"b",说明你和自己兴趣相投的同学相处不错。有一两个特别要好的朋友是非常棒的。毕竟,对于交朋友而言,质量比数量更为重要。请你继续阅读本章内容,找到了解其他同学的方法。

   如果你大部分回答的是"c",表明你非常善于交际,就如同一个**交际达人**一样。你在学校和同学相处非常愉

交际达人:指一个
人朋友多,口才好。

快，你也清楚地知道如何与他们相处。请你继续阅读本章内容，去探索和发现你是如何与他们开始交朋友的，又是如何相互关心对方的。

怎样才能交到朋友

你品格好，兴趣广泛，但是有时你会很奇怪为什么交不到朋友。有可能是其他小伙伴还不太了解你，有可能是因为没有找到适合你、欣赏你的同伴群体，也有可能是因为你需要学习如何跟别人交流。下面有一些方法，可以帮助你逐渐了解他人，学会交朋友：

你可以加入社团，找到有共同兴趣的同学——不管是计算机、机器人，还是围棋、象棋、戏剧，有很多同学都喜欢这些事情。

➥ 试着去找一些与你有共同兴趣爱好的同学。你可能会发现，你和他们有更多共同点。

➥ 加入合适的社团，他们往往和你有共同的兴趣和特长。

➥ 学习聊天的模式，这样你才能够更容易地与人聊起来。

➥ 可以和小伙伴们做一些不需要说太多话的事情，比如看视频，玩桌游，参加体育活动(尤其是进行简单的扔球活动或者是一些不需要激烈运动的体育项目)，看电影。

➥ 除了了解人们说的话，还要了解人们的肢体语言。

➥ 有时小伙伴们也不知道该做什么，你要理解这一点。

➤ 有时候，小伙伴们可能会因为好玩而说一些不好的话。你即使认为这些话不好玩，也不用理会这些话，因为这并不重要。

上面是你要做的事情，下面是你不要做的事情：

➤ 不要和欺负你的小伙伴们玩。如果你的身体受到威胁、挨打，或者你被戏弄、羞辱了，你要立即告诉老师或者其他大人。

➤ 如果有小伙伴们做了你不喜欢的事情，比如取笑别人、伤害别人、说老师坏话等，请不要和他们一起玩。

➤ 如果你不太爱社交，不要总是逼迫自己。

➤ 不要允许小伙伴们做一些令你不舒服的事情，无论是情感上还是身体上。

➤ 不要嘲笑那些和你不一样的小伙伴们。

➤ 不要过度否定自己，也不要轻易相信小伙伴们说的伤害你的话。如果有人说了一些伤害你的话，试着忽视他们所说的。因为说这些话的孩子只是想让你沮丧或者生气。

当与人交往时，你可能会回想一些有关对方的信息，或者曾经的交往情景。在某种程度上，这有点像从数学课换到了英语课，在数学课上，你使用符号表达就行，然而在英语课上，交流表达的方式是不同的。如果你想要跟某个小伙伴聊天或者玩耍，你可以问问自己：

> 记住其他孩子的喜好，表明你有兴趣跟他们聊天。

➼ 根据曾经的交往，我了解他多少呢？他是否有独特的兴趣爱好，或者有他喜欢谈论的话题？另外，是否有他不喜欢谈论的话题或者事情呢？

➼ 我过去和他一起做过哪些事情，他还愿意和我再做这些事情吗？

➼ 他之前对我友好还是不友好？如果不友好，我能躲着他，跟别人玩吗？如果他很友好，我如何才能进一步了解他呢？

➼ 我之前是否和他共同参加过一个活动或者兴趣班？如果是，我能与他聊这个吗？

要知道，你对他人的了解程度可以帮助你聊天或者交朋友。如果你想要跟一个人交朋友，你可以试着记住他的一些兴趣爱好，这样方便你跟他聊天并且建立友谊。

你可能会发现你也有类似的兴趣爱好。

你也可以采用记日记的方式去记录与其他孩子有关的信息或者他们的爱好。

你会与人聊天吗？

通常情况下，同学之间的聊天都是有规律的。这意味着一些聊天就像是做饭的菜谱或者数学公式一样，有一样的步骤和类似的内容。

以下是一些聊天常见的基本形式：

➼ 有人问你周末做了什么。在这种情况下，你可以直接告诉对方你周末做了什么，并且也问他周末做了什么。

➼ 有人问你是否看过一个电视剧或者电影。在这种情况下，你可以如实地告诉对方你看过还是没有看过。如果你看过，可以告诉对方你的感受；如果你没有看过，可以问对方的想法或者感受。

➼ 有人向你打听某个老师或者询问家庭作业。你可以如实地告诉对方。

➼ 有人会谈论别人。这很可能是八卦聊天，不参加这种类型的聊天可以让你感到更轻松，因此，你可以简单地表达你不太了解这个人，借此回避一下。

➼ 有人在聊天时会分享兴趣或者业余爱好。加入社团很重要，因为这有助于你在与人聊天时更加轻松地谈论到自己在社团中所做的事情——不管是戏剧社还是机器人社团。聊共同的兴趣爱好是一个很好的开场白，同时也容易让聊天继续并且保持下去。

➼ 有时，也可以随便聊聊。同学们只是喜欢说好笑的事情或者扎堆。对于他们来说闲聊也是可以的——不论你是否接受这一点，这是他们寻找快乐的方式。你可以听一听，或者适时问一问。

你吃午饭时可能会遇到下面这种类型的聊天：

当你跟别人聊天时，你可以运用这些聊天的基本形式。聊天有时会遵循类似的途径，你也可以找到属于自己的方法来加入别人的聊天。

同学：我和我爸爸这个周末要去看新电影《非洲猫科》。（这种开场白代表着你应该谈论这个电影。）

你是否看过这个电影？

第一种情况，看过。

第二种情况，没有看过。

你：太棒了，我上周刚看过。

你：我不知道这个电影。你能给我讲讲吗？

同学：你认为这个电影怎么样？

你：这是一部很好的电影。有很多打斗场面（记住，给出你的观点，但是不要剧透。比如，不要说，"你可能会很讨厌结局，因为主角死了"），人们都喜欢电影结局给他们带来的惊喜。

同学：我喜欢打斗场面。

你可以接着对方的话题继续。

或转移到其他话题上去。

你：这个电影中打斗很激烈。

你：你还喜欢其他类型的电影吗？

实用的聊天开场白

有时，人们在午餐或者其他时间很难找到聊天的话题。以下是一些你可以用来开场的话题：

➡ 你周末有什么安排？

➡ 你知道家庭作业是什么吗？

➡ 你昨晚看比赛了吗？

➡ 你昨晚看"美国明星"这个节目了吗？

➡ 你玩过"愤怒的小鸟"这个游戏吗？
你的最高分是多少？你是怎么玩的？

➡ 你喜欢唱歌或者跳舞吗？

➡ 你喜欢玩乐高积木吗？

当对方回答你的问题时，你可以接着说自己喜欢什么，或者接着问对方问题。

记住，每个人都喜欢有人询问自己的观点。没错——和同学开始聊天的最简单方法就是问对方："你认为这堂课怎么样？"或者"你认为这个电视节目或者这本书怎么样？"只需要认真倾听，你就能开始一场很好的聊天！

> 这也是和其他同学打电话时开场的好方法。

> 谈论一个体育比赛或者你最喜欢的球队。

> 谈论流行的一个电视节目。

> 谈论你喜欢玩的一个电子游戏。

> 谈论你喜欢的一个活动。

> 问对方是否和自己有共同的兴趣爱好。

学以致用

1. 同学问:你这周末做了什么?你怎么回答?

    a. 我真的很喜欢玩乐高积木。

    b. 你玩过超级马里奥的系列游戏吗?

    c. 我和我弟弟一起玩电子游戏,你呢?

2. 同学问:你认为刚才的考试怎么样?你怎么回答?

    a. 不怎么样。

    b. 我认为这个考试很简单。

    c. 我觉得还可以,你呢?

3. 同学问:你这周末想出去玩吗?你怎么回答?

    a. 不想。

    b. 我可能会比较忙。

    c. 我很想去,不过我得先询问一下我妈妈的意
       见,然后再回复你,可以吗?

4. 同学问:你知道老师留了哪些作业吗?你怎么回答?

    a. 不知道。

    b. 我也不确定。

c. 我不知道，我可以查一下计划表后告诉你。

以上对话的最佳答案都是"c"。尽管所有的答案都是对的——你可能不知道家庭作业是什么，也可能不想在周末和同学出去玩——但是不要用太直接的回答方式，因为这可能伤害到别人的感情。请注意，选项"c"的答案回答了同学的问题，没有直接跑题或者谈论不相关的事情。正确的回答一般也要包含询问对方对这个问题的看法或者意见。

将聊天进行下去

有时，即使你对一个话题感兴趣，但是别人可能想要聊别的话题。如果发生这样的情况，你可以用这样的话结束这个话题，比如："对了，最后一点……"说完最后一点了，就该转移到另外一个话题了。当对方要转移话题时，你坚持谈论自己的话题，可能会让对方觉得你不太礼貌（虽然你并非想要这样），也会让对方感到厌烦。

当对方想要转移话题时，会有以下信号：

➡ 对方提出其他话题。

➡ 对方打哈欠，踮脚或者看手表。

➡ 对方看别的地方。

如果你仔细观察，就能够注意到对方正在给你传递他想要谈论其他话题的信号。

聊天的惯用语

人们使用的很多表达并非是词语表面的意思。这里举一些例子——其实还有很多——你不应该按照字面意思理解，这些话有更深层的含义。如果你想要知道更多的**惯用语**，可以查一下 Marvin Terban 写的《学乐英语习惯用语词典》（*Scholastic Dictionary of Idioms*）这本书。

一个人说："你都不知道"，是什么意思呢？

这句话的意思是：这并非意味着你不知道自己在说什么。相反的，这意味着你说的只是事情的开头，后面还有更多事情。换句话说，这种表达意味着你说得对。

一个人说："这简直难以置信！"

这句话的意思是：这并非意味着你不相信对方所说的话。他们是在描述一些令人惊讶以及不寻常的事情，并且将其夸大以得到戏剧化的效果。

一个人说："忘了吧！"

这句话的意思是：这并非是说让你忘记某事。这只是想表达一个意思："这没什么！"

以下也是一些其他的并非是表面意思的表达：

➡ **"热水"**（hot water）：如果有人正处于"热水"中，这个意思是说他遇到困难了，并非字面意思所指的在一大桶热水中。

➡ **"绳索"**（the ropes）：如果有人要学习"绳索"，

惯用语：诸如像"天上下了猫和狗"的表达并非是词语的表面意思，而是指"雨下得很大"。

这表明他需要学习如何去做事。这个话的意思其实并没有"绳子"的直接意思。

➤ **"它会永远存在"**（it goes on forever）：这是指有一些事物会持续很长时间，并不是字面意思的永远。

学以致用

识别表达

运用你的观察技能，仔细听别人聊天，列出他们实际所说与字面意思不一致的表达清单。下面的文章中有四种加粗的惯用语，试着指出它们是什么意思，或者看注释来帮助你理解这篇文章。

对苏菲来说，学校的戏剧工厂是一个因祸得福（**Blessing in disguise**）的地方。最初，她很担心，试着想要退出表演。虽然她这么做是不对的（**Barking up the wrong tree**），但是她不敢向老师说出自己想要退出的想法，和老师说话的时候也拐弯抹角的（**Beat around the bush**）。没想到，观众非常喜欢（**Head over heels**）她的表演，这让她很高兴。

Blessing in disguise：一个潜在的机会

Barking up the wrong tree：做事的方向不对

Beat around the bush：抓不到重点

Head over heels：喜欢

肢体语言

与他人聊天时，你应该试着去看对方的眼睛，如果做不到一直看对方的眼睛，那你至少也要看几次。举个例子，你的朋友想通过肢体语言给你传达信息（因为每个人使用的肢体语言不同，所以人们使用这种肢体语言想要表达的意思也不同，这要取决于个体和聊天的话题）：

人们的肢体语言给了我们有关他们内心感受的线索。

➥ **看手表或者钟**：这表明他想要结束聊天赶去另外一个地方。

➥ **脚轻踏地面**：这表明他想要结束聊天或者是对聊天感到厌倦了。

➥ **双手交叉**：这表明他可能对你所说的话感到一点沮丧或者感觉受到了伤害。

➥ **低头看地板**：这可能是他心烦不安的信号。

➥ **挑眉**：这可能是对方很惊讶或者不相信自己所听到的。

➥ **看别的地方**：这表明对方想要结束话题或者是被其他事物分散了注意力。

➥ **说话的声音变大**：这表明对方生气或者不耐烦。

➥ **说话的声音变小**：这表明对方被吓坏了或者很沮丧。

学以致用

猜猜他人的感受

在以下场景中，你能猜出对方的感受吗？

1. 你正在聊新玩的电子游戏并且玩得还特别好，你的朋友已经听了几分钟了，现在她看向别的地方并且试着想得到别人的注意。

（如果你的朋友看别的地方并且尝试着跟别人聊天，意味着她可能对你们的聊天感到厌倦了。为了让她再次提起跟你聊天的兴趣，你可以问一些有关她的事情，比如，"你玩哪一款电子游戏？"）

2. 你正在和朋友讲你最喜欢的电影。他身体向前倾并且多次用"是啊"来回应。说明他也很喜欢这部电影，然后他开始谈论对这部电影的看法。

（这个朋友可能对这个话题十分感兴趣，因为他身体倾向你并且积极参与聊天，而且谈论自己对聊天话题的看法。你可以继续聊这个电影。）

3. 同学询问你对于他画画的看法。他将画作展示给你，你说："你画的是什么？我都看不出来。你画得不是很好。"

（同学可能会因为你的话而受伤。有很多人喜欢做一些自己不擅长的事情。即使他做得不好，你如

> 果直接说出来，也会伤害他。相反，你可以点头并且问他画的是什么，还可以问他自己认为这个画怎么样，听听他的回答。这样，你们就会聊下去了。)

同学惹你生气了怎么办

有时，你会生同学的气。生气是正常的，但是你应该问问自己，同学是故意惹你生气的，还是**无意**的。比如，有的同学喜欢大喊大叫或者吵闹，虽然这的确很烦人，但是这可能是他们玩耍的一种方式。如果同学惹你生气了，你要问自己：

➡ 他是故意惹我生气的吗？

➡ 他以前招惹过我吗？

➡ 他平时对我比较友好吗？

➡ 其他同学被他的行为惹怒了吗？老师是否阻止过他？

➡ 他这么做是否有别的原因——比如，我们刚经过一次很难的考试，或者我们很累了？他是不是因为心里沮丧，所以才会有这种行为？

如果你很生气，那么，你处理这种情绪的最佳方法是什么？这里有一些适合你的方法：

➡ 离开你的同学，当你心情好的时候再回来。

无意：不是有心的。

- 礼貌地告诉对方停止做激怒你的事情——不管是大喊大叫，在你的纸上乱画，还是别的事情。
- 如果你不在教室，你可以玩其他的东西或者戴上耳机。

这些都是不好的方法：

- 跟对方吵架。
- 侮辱对方。
- 骂他。

如果有同学在很多场合都惹你生气，他可能是想欺负你。你可以阅读第7章的内容，以获得更多有关处理这种情形的方法。

学会说"不"

对一个有合理理由的人说"不"比较困难，尤其是你想要和这个人成为朋友。但是对那些让你感觉不舒服的事情和人说"好"，并非是你的责任或者义务。真正的朋友不会让你做下面的事情：

- 在某些事情上说谎。
- 作弊。
- 在非紧急情况下向你借钱。
- 让你帮他们写作业或者他们直接抄你的作业。
- 让你做任何使身体感觉不舒服的事情。

➠ 让你和其他人绝交。

如果有人要你做令自己不舒服的事情，你应该明确地对他说"不"。这里有一些说"不"的策略：

➠ 直接表明你不想做对方要你做的事情。

➠ 保持冷静。尽量不要让自己沮丧。如果你很沮丧，你可能无法有效地处理这件事。

➠ 如果对方问原因，你可以直接说你感到不舒服。

➠ 如果对方不接受你说"不"，你可以直接走开。

➠ 如果对方不停地坚持要求你去做，你可以将此事告诉一个值得信任的大人。这个大人可能会给你提供一些跟对方谈话的方法，或者他可能会直接介入这件事。

学以致用

练习说"不"

练习在以下场景中说"不"。你可以和同学或者大人进行情景模拟。

1. 同学想抄你的作业。练习：明确和冷静地对他说"不"。如果他坚持，你可以走开。

2. 同学用手搂着你，即使你告诉过她不要碰你。

练习：告诉她，这让你不舒服。如果她不听，再次说"不"，然后走开。

3．朋友向你借钱。练习：告诉他不行，不过你很愿意用其他方式帮助他。比如，如果他饿了，你可以把吃的分享给他。向他解释说你父母不允许你借钱给别人，除非在紧急情况下，可以借小额度的钱。

记住，你可以对任何让你感觉不好的事情说"不"。真正的朋友不会逼你做你不想做的事情。

向他人道歉的方法

每个人都可能会犯错误，即使最聪明的人也不例外。如果这个错误与朋友或者同学有关，你就需要道歉。比如，你可能忘记了别人的生日或者是聚会的时候忘记叫别人一起。

如果你需要道歉，下面是一些道歉的好方法：

➡ 私底下跟你的朋友说清楚原因并且道歉。通常，发邮件、短信还是当面跟对方说，这两种方式所传达的意思可不一样，如果你当面跟对方说，对方可能会认为你非常真诚。

➡ 不要为你的行为找借口。如果你为你的行为辩解，对方不仅不想听这些，而且会认为你不是真的想要道歉。

➡ 跟你的朋友说明，为了弥补你的错误，你会做什么。比如，如果你忘记了他的生日，你可以告诉他想给他补过一个生日。不过有时，你只需要说很抱歉就足够了。

➡ 如果你的朋友不原谅你，即使你已经**竭尽所能**去道歉了。你要理解，对方需要一段时间来思考这件事情。最好的方法就是冷静，然后寻找其他时间为朋友做一些好事或者再次跟他道歉。

中途加入活动

无论你在教室还是在社团里，你可能需要中途参加同学们组织的活动。参加正在进行中的活动，这种感觉就像你最爱的电视节目在快要完的时候才被调高音量。你可能不了解之前的活动情况，然而，如果你认真听并且仔细观察，你可能会明白大家正在做什么以及如何加入他们。

如果同学们已经在操场上玩了一会儿了，或者正在班里组织活动，在你加入之前，你需要观察几分钟。你也可以问问大家，比如："你们正在做什么？"或者"我该怎么玩？"在你参加活动之前，确保自己明白游戏的规则。如果你没有被邀请参加，你可以这样说："我可以加入你们吗？"或者"你们需要帮助吗？"

组织一次聚会

如果你想在放学后和同学一起玩，你可以邀请他到家里来玩。如果你不想当面问他，你可以通过别的方式，比如发邮件或者短信问他。你可以试着在没有父母的帮助下组织一次聚会。如果你不知道怎么邀请同学，你可以让父母帮你，和他们谈谈该怎么做，最终提出一个方案，但是你得自己给同学打电话。如果你让父母帮你打电话，你的同学可能认为你还很幼稚。一个好方法是，你可以在放学后给同学打电话询问家庭作业，这可以让你在邀请同学来家之前有话可说。

你也可以想想和同学相处时的共同爱好。比如，你俩是否都喜欢玩电子游戏？如果是，你可以告诉他有哪种类型的游戏，邀请他过来跟你一起玩。如果你和同学在同一个社团中，你可以邀请他过来跟你一起练习你们在社团中学到的内容——比如说运动项目、戏剧、搭建乐高积木。

试着提前做好计划，这样的话，邀请同学过来玩的时候，才知道该做什么。比如，你们可以：

➡ 搭建乐高积木。

➡ 玩桌游或者文字游戏。

➡ 投篮。

➡ 玩电子游戏。

➡ 看电影。

➡ 在父母的看护下做饭。

练习邀请同学到家里玩

填写下面对话中的空白。这个练习可以帮助你邀请同学到你家里来玩。

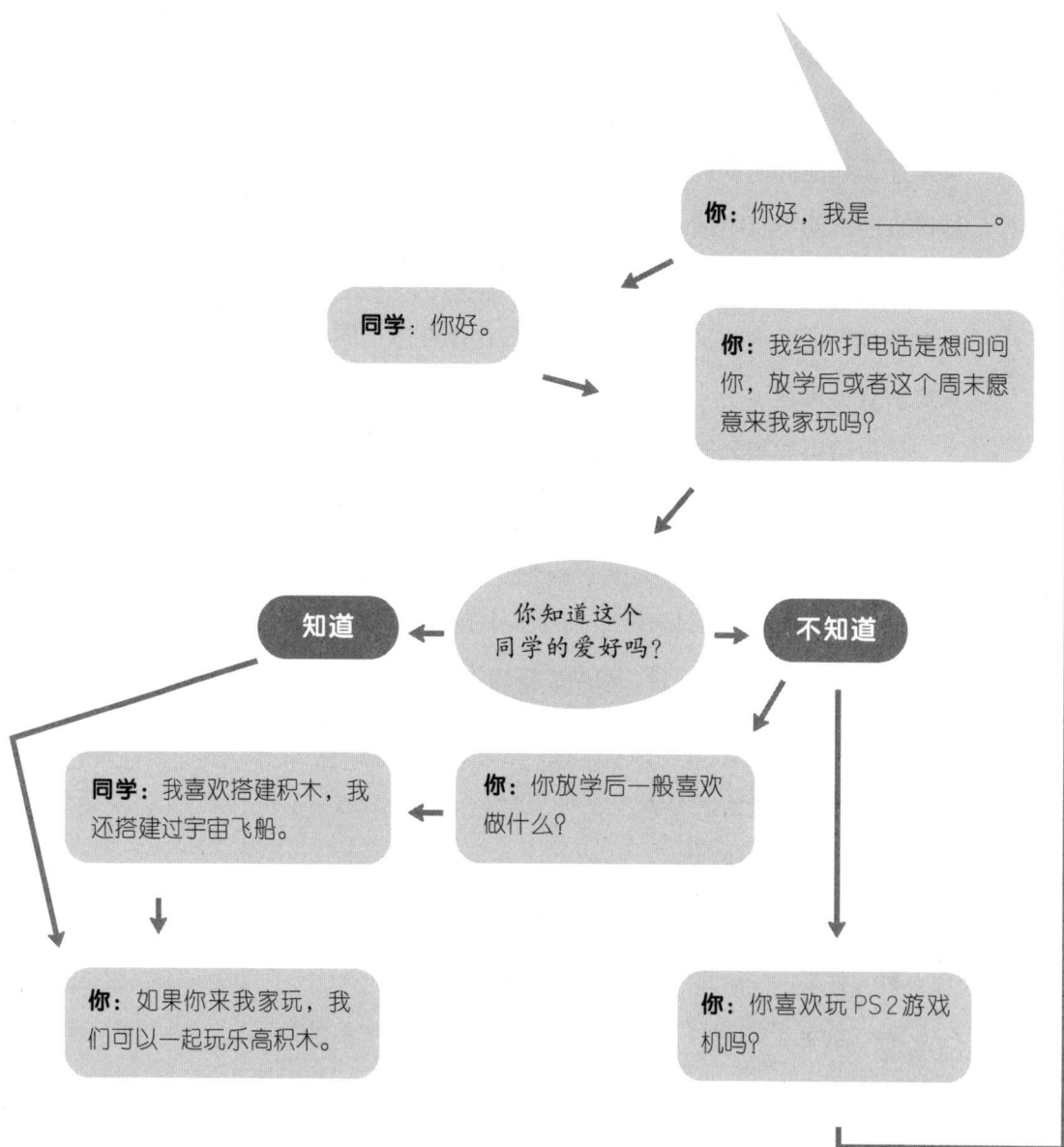

你：你好，我是_____。

同学：你好。

你：我给你打电话是想问问你，放学后或者这个周末愿意来我家玩吗？

你知道这个同学的爱好吗？

知道　　　**不知道**

同学：我喜欢搭建积木，我还搭建过宇宙飞船。

你：你放学后一般喜欢做什么？

你：如果你来我家玩，我们可以一起玩乐高积木。

你：你喜欢玩 PS2 游戏机吗？

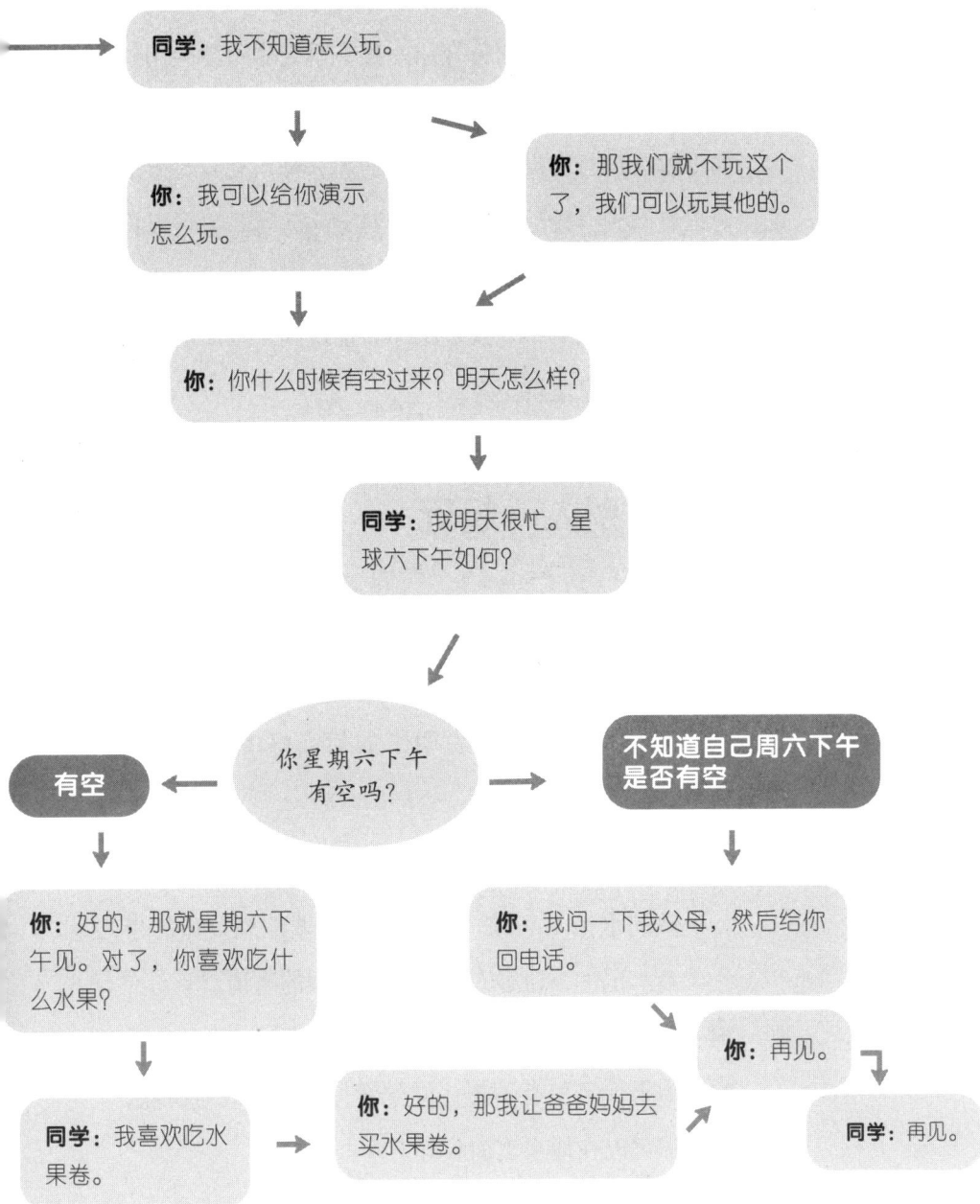

同学： 我不知道怎么玩。

你： 我可以给你演示怎么玩。

你： 那我们就不玩这个了，我们可以玩其他的。

你： 你什么时候有空过来？明天怎么样？

同学： 我明天很忙。星期六下午如何？

你星期六下午有空吗？

有空

不知道自己周六下午是否有空

你： 好的，那就星期六下午见。对了，你喜欢吃什么水果？

你： 我问一下我父母，然后给你回电话。

你： 再见。

同学： 我喜欢吃水果卷。

你： 好的，那我让爸爸妈妈去买水果卷。

同学： 再见。

你可以提前练习这些对话脚本，接着将其运用到实际对话或者打电话过程中。你并不需要完全根据这个对话脚本来邀请同学，这只是给你介绍一些在聊天中可能会用到的技巧。

如果聊天进行得没有你想象中的那么好，并且对方很忙，可以试着到学校后再找时间和对方一起玩，也可以再抽个时间问对方一次。如果还不行，你也不要放弃，你可以试着寻找其他同学，尤其是跟你参加过同一个活动的同学，邀请他去你家里玩。

该如何与别人一起玩

当有同学来你家时，你要扮演好主人这个重要的角色。你得让同学感到舒服，并且确定他是否喜欢你们一起做的事情。下面的例子说明了如何当好主人的一些规则：

➡ 首先要问你的同学喜欢做什么。如果你俩想要做的事情不一致，你可以先去做他想要做的事情。记住，让客人优先选择要做的事情。

➡ 把你的玩具给同学玩，给他提供合适的食物。

➡ 如果你家里有不想让同学看见的东西或者游戏，你可以在他来之前收好。

➡ 提前告诉同学该回家或者给他父母打电话的
   时间，这样你俩都能够预先知道在一起能玩
   多久。

你如果发现和学校中的同学没有太多的共同点，或者
在一起玩耍会让你不舒服，那么你可以参加一些校外的社
团活动，比如说童子军，或者是社区组织的课程或者运
动。在这些社团活动里面，你能找到和你有共同兴趣爱好
的孩子一起玩。

你还可以让父母给你报个兴趣班，在这里，大家跟你
有同样的兴趣爱好，比如空手道、机器人、戏剧、象棋或
者是历史。

当一个好朋友

当一个好朋友意味着你期待朋友怎么对你，你就怎么
对待朋友。你不能以任何方式让朋友感到不舒服，或者要
求他们去做你不想做的事情。

当考虑到怎样对待他人时，你要考虑自己在那种情
形下的感受。如果你在一种情形下感到不舒服，你也不
应该让朋友处于这种情形中。

在公共场合不应该说的事情

有时，人们可能会错认为你在公共场合说的一些话是在嘲笑或者侮辱他们。你可能在无意中伤害了他人。以下是一些你不应该在公共场合说的话：

- ➡ 你很胖。
- ➡ 你真丑。
- ➡ 你很笨。
- ➡ 你闻起来很臭。
- ➡ 我不喜欢长得像你这样的人。
- ➡ 我不喜欢你的肤色。
- ➡ 我不喜欢秃头的人。
- ➡ 你为什么秃头了？
- ➡ 我不喜欢戴眼镜、拄拐杖、坐轮椅的人。
- ➡ 我不喜欢女生。
- ➡ 我不喜欢男生。
- ➡ 我不喜欢老人。
- ➡ 我不喜欢有口音的人。
- ➡ 你的英语为什么说不好？

当考虑到怎样对待他人时，你要考虑自己在那种情形下的感受。

以上的表述可能会伤害到他人，因为他们自己也难以控制这些事情。你能想出在公共场合说的其他可能会伤害他人的话吗？

_____

_____

_____

_____

_____

_____

_____

_____

_____

_____

制订目标：

与人友好相处

你现在已经阅读了如何与他人更好相处的方法，写下你的目标。让你的目标符合 SMART 原则，即具体的、可评估的、可实现的、现实的、有时限的。比如，以下是你可以争取达到的目标：

➡ 本周，我会寻找一些我感兴趣的学校社团。我会告诉老师我想要加入机器人社团。

➡ 我今天吃午饭的时候，要试着跟别人聊两次。

➡ 当有人换聊天的话题时，我会尝试着跟上，并且跟他们聊新话题。

在这一章，你学习了如何与人更好相处的方法。在下一章，你将会学习怎样避免校园欺凌，如何应对欺凌，以及如何与那些并不友善的同学相处。

第 **7** 章

欺凌和恶霸

在学校，欺凌是一个非常严重的问题。欺凌是指别人做一些伤害你的事情，不管是对你说了一些伤人的话还是伤害了你的身体。如果你认为同学在欺负你，一定要将这个同学对你所做的行为告诉老师或者父母。你一定要记住，别人不能摸你，除非是肩膀或者手。如果同学摸你的其他地方（除非是体育运动），请立刻告诉大人。同时也要记住让你生气的行为并非都是欺凌行为，有的同学很吵闹，这可能并不是在欺负你。不过，如果你有疑问，可以问问你信任的大人。

自我测试：

你会如何应对欺凌？

1. **如果有人要你出钱打赌，你会：**

   a. 礼貌地说不。

   b. 问他为什么要打赌。

   c. 如果有钱的话，把钱拿出来。

2. **当你的同学给你发了一个粗鲁的短信，你会：**

   a. 不回复，并且把短信拿给老师看。

   b. 以粗鲁的方式回复对方。

   c. 不回复也不给任何人看。

3. **如果同学们都聚在一起，在手机或者电脑上看不好的图片，你会：**

   a. 走开，并且告诉老师或者其他大人。

b. 看这张图片，但是不说话。

c. 让同学把这张图片发给你。

4. **如果有人想要抄你的家庭作业或者考试答案，你会：**

a. 礼貌地拒绝并且告诉大人。

b. 直接走开。

c. 把你的家庭作业给这个人。

5. **如果你的同学不停地羞辱你或者嘲笑你，你会：**

a. 冷静并且礼貌地告诉对方停止，如果他继续这么做，你会告诉老师。

b. 忽视羞辱。

c. 反击并且也羞辱他。

如果你大部分回答的是"a"，说明你在应对欺凌上做得很好。通常，正确对待欺凌的方式是冷静地告诉对方停止，不要反击对方。如果对方不停止欺凌，你需要私下（没有其他孩子在身边）将他的行为告诉老师或者是值得信赖的大人。记住，在学校欺负他人通常是错误的，有时也是违反法律的。请继续阅读本章内容以寻找更多应对欺凌行为的方法。

如果你大部分回答的是"b"，说明虽然你可能不会被欺负，但是你可能忽视同学或者其他人的糟糕行为以及谎言，对这些情况无任何作为。如果你不要求对方停止他的行为或者将其报告给老师，他可能继续欺负你和其他人。如果你感到自己无法应对恶霸，不要害怕寻求帮助，可以从朋友、老师、父母、其他成人那里寻求帮助。

如果你大部分回答的是"c"，说明你可能跟随恶霸的领导并且模仿他们。如果你参与了欺负并且嘲笑他人，你就和这些恶霸们一样有错。学校有保护学生免受欺凌的规章制度，因此，不要用暴力方式保护自己。你可能会成为下一个被欺负的对象，因此，你要及时将欺凌行为告诉老师。

如何对付校园恶霸

我们很容易认出一些校园恶霸。他们试着想要做同学们的老大，如果有人不按他们的要求做事情，他们就会用身体伤害来威胁对方。有时，恶霸是班里长得最高大，或者是嗓门很大的同学。他喜欢指挥周围的人，有时会威胁同学们不听话就会受到伤害。这里有一些应对这种恶霸的策略，你可以尝试一下：

➡ **试着避开他们，并且不要表现出害怕。**如果有可能的话，你走楼梯或者在教室的时候都和朋友在一起；不要看见恶霸就跑，要试着避开他们。如果你和一个同学一起走或者和大家一起走，恶霸欺负你的可能性就会比较低。

➡ **自信。**看着恶霸的眼睛，告诉他你不害怕。通常，恶霸选择欺负对象时，都会选那些害怕他们的人。这个对付恶霸的方法很管用，因为恶霸一般都害怕在外面比他更厉害的人。他不去惹那些比他厉害的人。

➡ **如果恶霸要求你做令你不舒服的事情，冷静并且清楚地说不**。绝不做任何让你感到害怕或者不舒服的事情。清楚地对恶霸说不，如果你能做到的话，尽量保持冷静、自信。

➡ **交一个高年级的朋友**。找一个能和恶霸相抗衡的人交朋友。如果你有哥哥姐姐，你可以向他们寻求帮助。你也可以请求你的老师给你找一个辅导员，这个辅导员可能是一个高年级的同学，他可以帮助你顺利度过在学校中的时光。高年级的同学是十分有用的，因为跟你同年级的同学一般会听他的！

➡ **如果发生了严重的欺凌行为，立刻告诉一个你信任的大人，比如你的父母或者老师**。他们会指导你怎样应对恶霸。比如，他们可以帮助你学会在恶霸面前表现得自信或者不害怕。

如果发生了严重的欺凌行为，你就需要采取更加严肃的行动。如何确定欺凌行为是否严重呢？当有人想要伤害你或者你已经受到伤害，并且你感到恐惧，或者如果你因为害怕校园恶霸而不想去学校，这时，你就需要把这些事情告诉值得信任的大人。

你可能不太愿意告诉大人有同学欺负你，因为这个同学有时表现得像你的朋友。然而，真正的朋友是不会威胁你或者伤害你的。虽然你有时跟对方一起玩，但是如果他伤害你或者侮辱了你，那么他就不是你的朋友。有的孩子

应对恶霸的最好方法就是向他表明你不害怕他。尽可能不要表现出恐惧、恐慌或者生气。

如果有人欺负你，学会私下向大人求助很重要。

甚至在欺负他人的时候，还意识不到他正在做错事。

法律规定，如果学校的老师和校长不管欺凌行为，那么他们就触犯了法律。制止校园欺凌行为是校长和老师们的工作。记住，欺凌行为是错误的！

学以致用

练习应对恶霸

一个比你大的男同学总是在教学楼的楼道里晃游，嘲笑其他同学，他走到了你的储物柜旁边，看见你的储物柜上挂了一张小狗的照片，他叫你小屁孩。你如何跟他打交道？

在这样的场景下，你会怎么做？

你可以试试下面这些方法：

➡ 告诉他不要来烦你："我不怕你，走开。"

➡ 如果这个恶霸不继续欺凌行为，就忽视他。

➡ 告诉他这个小狗十分可爱，因此你将小狗的照片挂在储物柜上。

➡ 如果恶霸继续欺负你，私下里告诉老师。记着不要告诉恶霸你会告诉老师。

➥ 去请求一个高年级的朋友来帮助你。

如果这些方法无法制止恶霸，告诉一个你信任的大人。

遭遇隐形欺凌怎么办

通常，阻止恶霸不易察觉的欺凌行为更加困难。有一些同学，他们不会对你扔东西，也不会用身体上的暴力威胁你，但是他们会在背后说你坏话、取笑你，或者对你撒谎。他们通过说闲话来交朋友，但是这些闲话并非都是真的。你要避开这种类型的同学，不要相信他们所说的话。也就是说，对这些同学所说的话**持保留态度**。

> **持保留态度**：会对所说事情做出判断，看是否可信。

学以致用

角色扮演

你可以和朋友、老师或者父母扮演以下场景，背景是这样的：你的同班同学说谎，他说你在老师离开教室的时候折纸。练习：告诉老师你没有折纸。是否告诉老师是谁折纸取决于你自己。记住要保持冷静，同时要避免人身攻击以及辱骂对方。

辨别对方的动机

通常，当别人要求你做某事时，他内心可能有潜在的**动机**或者目标。有时，对方的动机很明确，比如，当有人要看你的家庭作业时，他可能想要抄你的作业，从而得到一个很好的分数。不过，有时，你很难一眼就看明白对方的动机。比如，有人想要拿你的钱去赌球，他甚至承诺你，如果赌赢了的话，你会赢回更多的钱。这时，你应该问自己这些问题：

➡ 他为什么问我要钱？

➡ 他想要得到什么？

➡ 他是我的朋友吗？他之前对我很不好，还是很友善？

➡ 对于这个人我了解多少呢？如果我对他没有深入的了解，最好还是不要相信他。

你应该尽可能地**推断**和分辨情况，在通常情况下，不管你打赌是否赢了，别人想要打赌就是为了要你的钱。你如果真的想赌，可以换一下赌注的类型，而不是赌钱。

此外，分辨人们的动机有点类似寻找神秘事件的线索。马克·哈登写过一部著名的小说，叫做《深夜小狗神秘事件》(*The Curious Incident of the Dog in the Night-time*，你可以从图书馆借到)，写的是一个阿斯伯格综合征男孩，像大侦探福尔摩斯一样，去猜测他父亲以及邻居的动机。如果你阅读这本书，会学到很多关于推断人们动机的

动机：当一个人说或者做某事时，他心中的目标。

推断：搞清楚事情或者得到一个结论。

新办法。人们有时撒谎是为了让自己逃避困难，或者是为了让自己在其他人面前看上去非常酷。你应该记住，那些你不熟悉的人，让你做某些事的动机可能会是不好的。

这里举个例子，让你学习如何对动机不良的人说不：

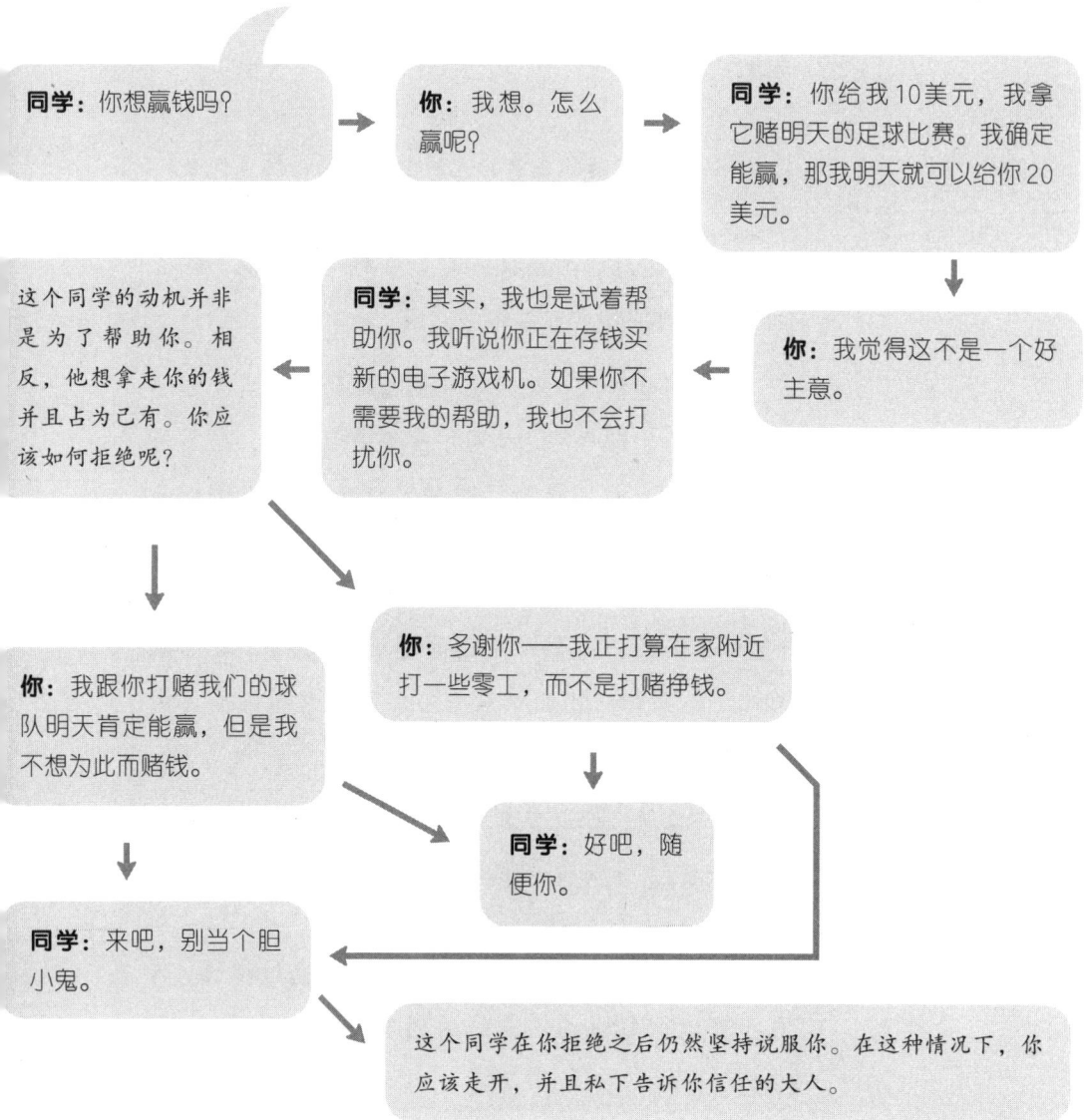

同学： 你想赢钱吗？ → **你：** 我想。怎么赢呢？ → **同学：** 你给我10美元，我拿它赌明天的足球比赛。我确定能赢，那我明天就可以给你20美元。

这个同学的动机并非是为了帮助你。相反，他想拿走你的钱并且占为己有。你应该如何拒绝呢？ ← **同学：** 其实，我也是试着帮助你。我听说你正在存钱买新的电子游戏机。如果你不需要我的帮助，我也不会打扰你。 ← **你：** 我觉得这不是一个好主意。

你： 多谢你——我正打算在家附近打一些零工，而不是打赌挣钱。

你： 我跟你打赌我们的球队明天肯定能赢，但是我不想为此而赌钱。

同学： 好吧，随便你。

同学： 来吧，别当个胆小鬼。

这个同学在你拒绝之后仍然坚持说服你。在这种情况下，你应该走开，并且私下告诉你信任的大人。

学以致用

推断同学的动机

看看你能否推断出别人在下面这些行为中的动机：

1. 一个同学欺负你或者其他同学。他的动机是什么？

   _____

   （他是否想让人屈服，或者让别人害怕他，好让他自己感到很酷，可以领导大家？）

2. 一个同学在黑板上画了一幅糟糕的画。当老师进教室后，老师问这个同学是不是他画的，这个同学撒谎，说不是自己画的。这个同学的动机是什么？

   _____

   （很明显，这个同学想要躲避责罚。如果他撒谎说是你画的，你应该勇敢站出来向老师说明真实情况。）

3. A同学说，你说了B同学的坏话，但事实是你没有说过。A同学的撒谎动机是什么？

   _____

   （A同学可能想和B同学做朋友。通过撒谎，A同学可以假装说你不是她的朋友。在这种情况下，你要告诉B同学，你从来没有说过他的坏话，是否相信你的话就取决于B同学了。）

4. 同学告诉你，她假期去了迪士尼乐园，但是你知道她假期待在家里并没有去迪士尼乐园。在这种情况下，这个同学的动机是什么？

（有时，同学说谎可能是想假装她的生活很优越，或者是为了让别人羡慕她。她的谎言仅仅伤害了她自己。这时，如果你觉得继续这个话题会让这个同学感到尴尬的话，你可以忽视这个话题或者转移话题。如果她不停地撒谎，你可以直接告诉她你知道她在撒谎；如果她坚持自己没有撒谎的话，你也不用再多说什么了。）

怎样发现身边的假朋友

有时，我们很难分清到底谁是真朋友，也很难分清他们的友好是否是想从我们这里得到好处（金钱、注意力、嘲笑我们的机会），你可以对照下面这几条，来判断他们是真朋友还是假朋友。

真朋友是：

➥ 能够让我们感觉自己很棒。

➥ 赞美我们。

➥ 告诉我们真相。

- 会向我们寻求帮助，同时总是帮助我们。

- 不取笑我们，除非是在开玩笑的时候。

- 可以接受我们说不。

不好的或者假朋友是：

- 向我们索取很多好处，比如说让我们借给他们玩具或者家庭作业，可他们从不帮助我们。

- 取笑我们。

- 总是试着让我们对自己感到不满意。

- 以一种卑劣的方式嘲笑我们。

- 羞辱我们。

- 跟我们说谎。

- 不接受我们说不。

- 伤害我们的身体，或者打算这样做。

> 真正的朋友让你感到自己很棒。一个人花时间和你待在一起，但是他让你感到自己很糟糕，那么他并非是一个真正的朋友。

你可能会认为对方跟你一起吃午饭或者花时间和你待在一起，就是朋友了。然而，正如你从以上清单中可以看见的那样，真正的朋友是让我们感觉自己很棒。不要将和某人待在一起与真正的友谊混淆了。当你在选择朋友时，从真朋友清单中选择，不要从不好的或者假朋友清单中选择。

学以致用

评估你的朋友

是时候该仔细考虑并且辨别你的朋友了。
在以下测试中，你的朋友做得怎么样呢？

➤➤ 我的朋友不取笑我。

➤➤ 我的朋友有时向我求助，但是他不帮助我，比如不借东西给我。

➤➤ 我的朋友有时到我家来玩，我们玩得很开心。

➤➤ 我的朋友不取笑别的同学或者老师。

➤➤ 我的朋友不做任何让我感到不舒服的事情。

➤➤ 当我和朋友在一起的时候，我感到不需要取笑他人或者开很糟糕的玩笑。

你的朋友在这些测试中做得如何？如果你的朋友没有通过这个测试，这表明他可能并非是前文清单里描述的真朋友，你可以这样做：

➤➤ 告诉他真正的朋友是什么样的。

➤➤ 考虑缩短和他相处的时间。

➤➤ 试着和他做一些别的事情。比如，建议你们不是花时间取笑别人，而是看电影或者玩电子游戏。

网络欺凌预防和应对策略

恶霸也会使用电脑、网络、手机以及其他工具来欺负周围的人。你可能会熟练使用电脑，以及各种软件，然而，你要明白那些不认识你的人，以及你看不见的人可能会通过这些威胁你。当你沉浸在电子游戏以及上网所带来的欢乐时，你应当记住：

1. 在网上说的话和面对面说的话可能不一样。如果你收到或者发送了一封带有威胁性质的邮件或者短信，这可能会导致严重的后果。你可能从来没有想过要发任何威胁性的或者**诽谤**的电子信息，可它却给你带来了大麻烦。这些信息可能会伤害到你和他人的友谊甚至会让你的父母或者学校陷入麻烦。

2. 不要将自己或者其他任何人的个人信息发布到网上。你的个人信息，比如地址、社保号码、年龄、父母的姓名、兄弟姐妹的姓名，等等，可能会被想要接近你家的人利用，此外，父母的银行账号，或者其他个人隐私也不能透露。有人会通过电子邮件、短信、聊天室等方式来要你父母的银行账号，以及其他隐私信息，你绝对不要将这些信息告诉他人。此外，保证父母在场时，你才在网上登录他们的银行卡。

3. 在网站上设置隐私权限。这样你就不会留下搜

诽谤：破坏他人的声誉。

索痕迹，不认识的人也就不会知道你在线上。

4. 当心社交媒体。社交网站（比如脸书）可以让你和朋友们保持联系，但是通常你会收到陌生人加新朋友的请求。和陌生人交友要当心，不要将私人的信息发布到网上，也不要将私人信息告诉那些不该知道这些信息的人。比如，不要在社交网站上发布状态说你要去度假，这样的话，别人就知道没有人在家，他们有可能闯入你家。这些通常不太可能发生，但是为了安全着想，最好还是不要将这些信息发布到网上。

另外，跟陌生人聊天或者发消息时要当心。他们可能问你一些私人信息，但是你不要回复。如果你担心网上的一些人想要从你这儿获得什么，或者觉得他的动机不好，你可以告诉信任的大人，比如父母或者老师。

绝对不要在网上分享下面这些信息：

➠ 有关信用卡或者你父母金钱方面的任何信息。

➠ 你住在哪儿。

➠ 你父母的工作地点。

➠ 你在哪儿上学。

➠ 你的年龄。

如果有人问你这些信息，你可以问问你的父母。

5. 举报恶意的内容或者短信，绝对不要发送这种

网络上会有很多欺凌行为，但是你可以通过建立网络隐私设置以及不在网上泄露任何个人信息来保护自己。

类型的信息。虽然你认为这些信息是为了搞笑，但是也可能会被认为是一种骚扰甚至是犯罪。不要发送这些信息，因为这可能会影响你和朋友、父母、老师以及校长的关系。学校有相关规定，对那些发送恶意信息的人以约束以及惩罚，所以要向学校报告任何你接收到的恶意信息，自己也不要将任何恶意信息存在手机或其他电子设备中。

学以致用

解决谜团

请你猜一猜，为什么你说了下面的这些事情可能会给你带来麻烦？尤其是你通过聊天室、电子邮件或者脸书，跟陌生人或者网友说了。

➡ 我们全家要外出度假一个星期。

_____

_____

（这可能会很危险，因为想要抢劫你家的坏人就会知道你们离开家了。不过，你可以告诉你的好朋友。）

➡ 我爸爸妈妈吵架了。

_____

_____

（你父母可能并不想要别人知道这件事，已婚夫妇一般都会有这种争吵。你要为这种信息保密。）

➡ 我的弟弟有多动症，要服药。

_____

_____

（你弟弟可能并不想要别人知道他有多动症。让他自行选择是否将这件事告诉别人。）

➡ 我妈妈今天去银行存了很多钱。她的账单显示她的银行账户里面有很多钱。

_____

_____

（你的父母希望你能够将家庭的经济状况保密。不让家庭外的其他人知道你家有多少钱是一件好事，这样人们就不会利用你了。）

你也不应该在网上回答任何有关金钱或者信用卡的信息，并且，如果你收到了类似的信息，可能是骗子公司想骗你钱，并不是你订购了该公司的产品而来询问你相关信息的。一定要把这件事告诉父母，不要回复对方。

制订目标：

学会保护自己

现在你已经阅读了如何应对欺凌和恶霸的方法，写下你的目标。让你的目标符合SMART原则，即具体的，可评估的，可实现的，现实的，有时限的。比如，以下是你可以争取达到的目标：

➡ 本周，我会对经常使用的电子邮件、视频网站以及网上游戏设置隐私权限。

➡ 我会和朋友或者大人演练这个场景：如果我被恶霸威胁或者被其他孩子嘲笑了，我该如何应对。

➡ 如果有人欺负我，我将会使用我练习过的方法来保护自己。

➡ 我会和朋友或者大人扮演这个场景：当一个不认识的人问我私人信息（比如，我的家庭住址）时，我该如何回应。

在本章，你学习了应对欺凌和恶霸的方法。在下一章，你将会学到一些让你保持身体健康和精力充沛的策略与方法。

第 **8** 章

养成健康的习惯

身体健康也是影响你在学校能否表现良好的重要因素。如果你拥有一个健康的身体——并且你休息好了或者是营养状况良好——你学习的时候注意力会更集中，疲惫往往让你学习时感到压力。

有很多方式可以让自己更健康，你可以选择让你感觉最舒服的方式——在这种方式下，你可以做你喜欢做的事情，像骑马、骑车、跑步。如果你因为一些食物的奇怪味道而不喜欢吃它们，那也没关系，你只需要吃自己喜欢的就行，同时尽力去尝试吃那些你觉得不错的水果或者蔬菜。

> 你对你的身体越好，你的身体反过来会让你感到更舒适。如果你积极锻炼，适时放松，吃合适的食物，你会感到更加有精力，压力感也会降低。

自我测试：

你平时有哪些习惯？

1. 我平时的睡觉习惯是：

　　a. 我很晚才上床睡觉，并且第二天一整天都感觉很累。

　　b. 我试着上床睡觉，但是睡不着。

　　c. 我每天晚上至少睡八个小时。

2. 我早餐一般吃：

　　a. 甜食，或者什么都不吃。

　　b. 一片面包或者烤面包。

　　c. 一些谷物以及水果或者果汁。

3. **当我感到压力很大的时候，我：**

   a. 玩电子游戏。

   b. 不知道做什么。

   c. 出去散步或者跟人倾诉。

4. **就保持健康方面，我：**

   a. 上体育课也不出去锻炼。

   b. 试着在家附近走走。

   c. 通过一项喜欢的运动来锻炼身体。

5. **就卫生习惯方面，我：**

   a. 有时忘记去洗澡。

   b. 经常洗澡，但是忘记喷体香剂。

   c. 洗澡、刷牙，并且有规律地喷体香剂。

6. **当我早起去学校时，我：**

   a. 匆匆忙忙起床后就去公交车站坐车。

   b. 随便穿上一件散落在房间的衣服，只要它闻起来不难闻就好。

   c. 在头天晚上就把要穿的衣服准备好，第二天早上穿上它。

   如果你大部分回答的是"a"，那么当你读完本章内容后，你会找到自我放松、健康饮食以及合理锻炼的一些方法。这些方法会让你身心愉悦、精力充沛。

   如果你大部分回答的是"b"，说明你明白健康饮食、充足睡眠以及锻炼身体的重要性，这非常棒。继续阅读本章，你会找到实现这些目标的好方法。

如果你大部分回答的是"c"，说明你能够很好地通过锻炼、睡眠以及饮食来减轻压力，并且你知道如何保持身体健康。继续阅读本章内容，你会找到保持健康的其他方法。

保证睡眠充足

保证每晚睡眠充足十分重要。如果你睡眠不足，就容易发脾气。如果你长时间睡眠不足，就会发现自己总是感到有压力，难以集中精力学习。

一些有阿斯伯格综合征的人常常有睡眠问题，因为他们常常陷入焦虑之中，这很正常。如果你也经常焦虑，你可以再看看第2章的内容，学习如何处理焦虑情绪，它会告诉你如何放下焦虑，让你的日常生活不再那么焦虑。

良好的睡觉常规

为了获得每晚的良好睡眠，养成良好的睡觉常规非常重要。试着每晚做以下事情：

➥ 至少在上床的一个小时前，关掉电子产品，比如电视、电脑、游戏机。

➥ 关掉吵闹的音乐以及大灯。

➥ 每晚同一时间上床，并且每天在同一时间起床，甚至在周末也要保持这样的规律。

在你上床前一小时关掉电子设备，可以让眼睛和大脑休息一下。

如果你喜欢睡前阅读，尝试着使用床头灯或者是台灯而不是明亮的大灯。

这可以帮助你的身体适应相同的睡眠计划。

如果你放学后经常感到疲惫，你可以在放学回家后先休息20分钟。不要休息太长的时间，因为这可能会影响你的作息规律。不要在睡觉前做作业，因为这可能会让你的头脑处于兴奋状态，难以入睡。

放松的方法

如果你感到自己很难入睡，你可能需要练习一些**放松法**，这可以帮助你的身心平静下来。

你可以尝试下面这些方法：

➨ 将注意力集中在你的呼吸上。深呼吸，然后慢慢地呼气，同时将你的手放在肚子上，去感觉你的肺部慢慢变空。

➨ 锻炼是能够放松入睡的好方法。试着在一天中提前锻炼，而不是要上床的时候才锻炼，坚持一项你喜欢的运动，比如快走、去健身房健身、骑自行车、骑马或者练瑜伽。

➨ 试着进行**肌肉放松**。闭上眼睛坐几分钟，先拉紧然后放松你身体的每一个部位。先从你的脚尖开始，然后集中放松你身体的每一个部位。

➨ 试着想想那些让你厌烦的任何一件事情。花几分钟的时间写下你的想法，然后试着将它们从你的脑海里清除掉。

➨ 给自己10分钟时间去想一想你的焦虑，然后下定决心把它们暂时放在一边。

放松法： 让你的身体和头脑保持冷静的方法。

锻炼也是减轻焦虑和压力的好方法。

肌肉放松： 将身体的每个部位收紧然后放松的方法。

将想法写在日记中可以帮助你减轻焦虑。可以适时表达自己的想法并且清理一下大脑。

在晚上洗澡不仅有助于放松，同时也能够帮助你节省第二天早上的时间。

➡ 在睡觉之前泡个热水澡或者进行沐浴。

➡ 在床上读书。

➡ 听放松、柔和的音乐或者听书。

最后，如果你仍然难以休息好，可以让你的父母带你去看医生以寻求更多帮助。

养成良好的饮食习惯

就如同一辆车需要良好的汽油燃料才能跑得更快一样，你的身体也需要健康的食物来让它进行良好的运转。你可以吃垃圾食品，但是你会发现垃圾食品如同汽车引擎中的低级燃料一样，可能会逐渐导致你的身体停止运转。如果你每天都吃健康的食物，你会感到每一天都有动力完成你需要做的事情。

你可能发现有些食物不是很好吃，或者有些食物的特殊味道让你难以下咽，如果你的父母允许你选择喜欢吃的食物，即使你有不爱吃的食物，也要试着遵从以下规则：

➡ 饮食要均衡，你的食谱里面应该包含水果、蔬菜、健康的肉（比如鸡肉和鱼肉），以及全部的谷类。

➡ 饮食要规律。这意味着你早餐应该吃得好并且种类丰富，比如谷类、烤面包、水果、酸奶。如果你不吃早餐，你可能在吃午餐前会感到饥饿和疲劳。如果学校有考试或者其他事情，你更要好好吃早餐，因为它可以帮助你有效地应对这些事情。

➡ 如果起床后无法好好吃早餐，你可以试着带一些有营养的食品，比如说酸奶或者面包，在去学校的路上吃。

➡ 尽量少吃垃圾食品，比如快餐、甜甜圈、曲奇饼、糖果，以及其他那些没有太多营养价值的食品。

➡ 如果你感兴趣，可以阅读食品上的营养成分标签，这可以帮助你了解食品含有多少脂肪和盐（通常在食物标签中叫钠）。这样的话，你就能够更容易了解食品的营养成分，逐渐学会选择更有营养的食品。

学以致用

评价你的一日三餐

你认为下面三餐的健康程度如何呢？使用"健康的""有一点健康""不健康"，来对它们进行评价。

1. 早餐吃甜甜圈、饼干，喝橙汁。

2. 午餐吃鸡肉三明治、薯条，喝苏打水。

___

3. 晚餐吃蔬菜沙拉、火鸡肉丸、全麦意大利面，喝牛奶。

___

答案:1）除了橙汁之外，这一餐都不健康。它不会给你提供一天的能量，并且对你的身体或者牙齿有害！2）这一餐有点健康——鸡肉是比较健康的肉，比汉堡包有营养。你可以将薯条换成青豆，用鲜榨果汁、牛奶代替苏打水。这会让你一天更有精力！3）这顿饭很健康，并且让你感到很舒服。你吃了蔬菜、健康的火鸡肉，以及全麦的意大利面。牛奶对你的骨骼也有好处。

如果你发现自己很难尝试吃新食物，你可能需要对食物进行逐一分类。试着找出你喜欢的食物。比如，你可能会喜欢柔软材质的食物，比如布丁、苹果酱，或者你喜欢酥脆的食物，比如苹果、爆米花。将拥有这些类型材质的健康食物纳入你的食谱。比如，如果你喜欢柔软材质的食物，那么你不用吃所有的水果，你可以选择吃软一点的水果。即使这些水果的材质不同，但它们都是健康的。如果你很难找到自己喜欢并且有营养的食物，可以咨询校医，他会帮助你制订营养计划表，或者是为你找一个营养师。

养成整洁卫生的好习惯

就如同车主必须确保他们的车轮光滑干净一样，你也要对自己的身体负责。当你去上学的时候，同学和老师们希望你已经做了以下的事情：

➡ 每天早晨以及晚上都要刷牙。如果你不按时刷牙，你的牙齿会变得很糟糕，而且还会有口气，这会影响你与他人交流。因此你要保证每天早上清洁一次口腔（牙齿以及舌头），每天晚上清洁一次，每次至少两分钟。

➡ 每天早上洗澡或者每天晚上睡觉前洗澡。如果天气很热，每天洗澡就很重要，尤其是你参加了一些让你出汗并且产生味道的活动之后。

➡ 使用体香剂，防止自己有汗味。你可以让父母给你买那种具有止汗功能的体香剂，这样可以防止你在学校出汗和有汗味。

➡ 定期洗头发，这样可以让你看上去相当干净。

➡ 穿戴整洁干净，并且配上相称的袜子等。

如果你想知道更多关于如何穿戴好看或者如何打造好看发型的方法，去阅读133页的"学会打扮自己"部分以获得更多内容。

学以致用

评价你的习惯

你在以下情况做得怎么样，请选择符合你的选项。

1. 我每天早上和晚上都刷牙。

    a. 是的，总是这样。

    b. 有时。

    c. 几乎很少。

    d. 不确定。

2. 我早餐吃得比较均衡，有水果、谷物以及酸奶，或者是其他有营养的食物，比如鸡蛋。

    a. 是的，总是这样。

    b. 有时。

    c. 几乎很少。

    d. 不确定。

3. 我晚上能够放松自己。

    a. 是的，总是这样。

    b. 有时。

    c. 几乎很少。

    d. 不确定。

4. 我有规律地进行运动以保持身材。

    a. 是的，总是这样。

    b. 有时。

    c. 几乎很少。

    d. 不确定。

5. 我每天都吃水果和蔬菜。

    a. 是的，总是这样。

    b. 有时。

    c. 几乎很少。

    d. 不确定。

如果你的回答绝大多数都是"几乎很少"或者"不确定"，你也不必担心。在本章末尾，你可以将这些题目（选择"几乎很少""不确定"的题目）设置成要实现的目标。

学会打扮自己

穿戴干净整洁以及打造好看的发型，除了显示出你拥有良好的**卫生**习惯之外，还可以让你自己感到舒服并且更好地融入学校生活。

只要你遵循学校以及父母的要求，你可以按照自己喜欢的任何方式来打扮。穿衣打扮要让自己舒服，不要让衣服或者标签擦伤你。在穿衣时，检查一下衣服是否干净或

卫生：如何照顾你的身体。

者是否有很多褶皱。在前一天晚上计划好第二天出去穿什么衣服，第二天早上就可以很快地穿好衣服。

你可能会选择和同学类似的穿戴方式。和别的孩子穿的衣服类似有点像动物们时常使用的伪装，你就可以不被大家注意并且能够自由地做很多你想要做的事情。你可以留意别的孩子一般都穿什么。他们都想要穿同款牛仔、T恤、球鞋吗？如果是这样的，**在心里面记下**他们穿的是什么。

你也可以看杂志，去关注青少年们最新的潮流。你不需要花很多的钱去买新衣服。你可以去打折的商店买减价的衣服。如果你感觉需要做个发型，可以跟你的发型设计师谈论一下最适合你脸型的发型。你也可以询问发型设计师每天早上怎么样梳头才梳得好看。

学以致用

上学时的穿戴

早上出发去学校时，问自己是否做了以下清单中的步骤：

☐ 我刷牙了吗？

☐ 我早上或者前一天晚上洗澡了吗？

☐ 我在洗澡的时候洗头了吗?

☐ 我朝自己的腋窝喷体香剂了吗?

☐ 我的袜子是一双吗?

☐ 我的T恤和裤子搭配得对吗?

☐ 我的衣服干净吗?

☐ 我给体育课或者其他活动课准备了额外的衣服吗?

☐ 我的衣服有褶皱吗?

☐ 我梳头了吗?

制订目标

我要养成好习惯

既然现在你已经消化(你是否注意到,在这里,"消化"具有双关的意思,并非是指消化食物而是指消化内容?)了一些有关健康习惯养成的方法,请写下你已经具有的目标。让你的目标符合SMART原则,即具体的、可评估的、可实现的、现实的、有时限的。比如,以下是你可以争取达到的目标:

➡ 我想尝试每天早上吃有营养的早餐,比如水果、橙汁、谷物、面包。

➡ 我想尝试着一周跑步两次。

➠ 如果我每晚十点上床睡觉的话，我要试着在九点前就关掉电脑以及其他电子产品。

在本章中，你已经学会了让自己保持健康以及自我放松的方法。继续去寻找一些相关内容的网站、图书或者游戏，它们可以帮助你了解更多有关阿斯伯格综合征的信息，并且帮助你更好地理解学校的一些规则。

对你有帮助的
网站、图书和游戏

网站

OASIS:

http://www.aspergersyndrome.org

这个网站给阿斯伯格综合征患者提供信息以及支持。在这个网站上，你可以搜索到当地的支持团体以及其他资源，并且也有关于阿斯伯格综合征的文章。OASIS也有一本指导手册，你和你的父母可以将其送给你的老师，这样老师就能够了解一些阿斯伯格综合征的相关信息，更好地帮助你。

Your Little Professor:

http://www.yourlittleprofessor.com/resources.html

这个网站上有对阿斯伯格综合征患者及其家庭提供支持的团体和其他资源的清单，此外，还有文章探讨了阿斯伯格综合征患者的友谊、欺凌问题、天赋等。

Wrong Planet:

http://www.wrongplanet.net

这个网站是阿斯伯格综合征患者及其家庭的网上社区。大家可以在网站上面的聊天室沟通交流。

登录这些网站之前，你要得到父母的许可。

图书

All cats have Asperger syndrome
作者 Kathy Hoopmann（Jessica Kingsley, 2006）

这本书很有趣，通过猫来解释阿斯伯格综合征患者。这本书里面有一些精彩的小猫照片，对于喜欢宠物的人来说是一本很棒的书。

Can I Tell You About Asperger syndrome? A Guide for Friends and Family
作者 Jude Welton（Jessica Kingsley, 2003）

这本书从一个患有阿斯伯格综合征的男孩亚当的视角来叙述。他跟别人解释什么是阿斯伯格综合征，阿斯伯格综合征患者的感受是什么。这本书简短易懂，可以帮助其他人更好地理解阿斯伯格综合征。

《深夜小狗神秘事件》（*The Curious Incident of the Dog in the Night-Time*）
作者马克·哈登（Mark Haddon）（Vintage, 2004）

这是一个有趣的故事，讲述一名 15 岁的阿斯伯格综合征儿童试着解开邻居家狗死亡的秘密。主人公用他的逻辑去揭开迷雾。

Diagnosing Jefferson
作者 Norm Ledgin（Future Horizons, 2000）

作者在这本书中描述了美国总统、发明家托马斯·杰弗逊的故事，虽然他患有阿斯伯格综合征，但是他取得了非凡的成就。

Look me in the Eye: My Life with Asperger's
作者 John Elder Robison（Broadway, 2008）

作者以一种幽默的方式描写他童年时期患有阿斯伯格综合征的生活以及成年后的生活，在这期间，他为摇滚乐队设计了像火箭一样的吉他，以及成功开始做起修理豪车的生意。

Thinking in Pictures: My Life with Autism
作者 Temple Grandin（Vintage, 2010）

在这本书中，作者——现在是一名著名的动物学家，她给周围的居民讲解动物的行为，并且告诉大家这和与自闭症患者生活的相似之处——谈论她自己以及其他受自闭症困扰的人们的生活。虽然自闭症与阿斯伯格综合征不同，但这两类患者都有与人沟通的困难，并且也很难得到人们的理解。本书的作者也谈论到了有关阿斯伯格综合征患者的话题。

游戏

Whiz Kid Games:
http://www.whizkidgames.com

这是一个免费的游戏网站，它可以帮助你理解人们的表情，并且帮助你应对生活中的变化。

《学习可以更高效》

美国月光童书奖非虚构类银奖

学习没有捷径 ≠ 没有方法
好成绩，先从会学习开始

你在考试前紧张吗？你演讲时会忐忑不安吗？

你会整理学习资料和书包吗？你会合理安排学习时间吗？

如果你的回答是否定的，这本书会帮助你。在本书中，你会学到一些缓解焦虑情绪、提升学习信心和提高学习效率的方法。这些方法很有趣，也很容易掌握，包括：

- ♥ 正确认识学习压力
- ♥ 改掉学习的"拖延症"
- ♥ 找到自己的学习模式
- ♥ 考试成功的技巧和方法
- ♥ 如何克服学习中的焦虑紧张
- ♥ 如何归纳和整理学习资料
- ♥ 如何更高效地利用学习时间
- ♥ 如何跟老师有效沟通

（美）温迪·L.莫斯
（美）罗宾·A.德鲁卡-阿肯尼 **著**

8～16岁适读

《我能管好自己》

美国独立图书奖非虚构类奖

儿童心理自助热销图书《我要更专心》作者新作
提升孩子的计划性和条理性，让孩子更加独立和自主

本书精选孩子日常生活和学习中常见的案例、有趣的益智游戏和测试，并提供了许多易学易用的方法和建议，帮助孩子学会独立和自律，提升自我管理能力。

阅读本书，你将会学到：

- ♥ 如何养成好习惯
- ♥ 如何整理物品
- ♥ 如何管理好时间
- ♥ 如何制订计划
- ♥ 怎样养成良好的常规
- ♥ 怎样安排课后的学习和休息
- ♥ 怎样才能坚持到底不放弃
- ♥ 怎样才能不丢三落四

（美）凯瑟琳·G.纳多博士 **著**
（美）查尔斯·贝尔 **绘**

7～12岁适读

《我要更专心》

美国心理学会精心打造，两位临床心理学家力作

**帮助孩子解决分心的难题，提升专注力和自控力
让数十万孩子、父母和老师受益的心理自助读物**

有的孩子，非常好动，很少能安静坐下来；有的孩子，总是丢三落四，惹出各种麻烦；有的孩子，不会想想再做，而总是凭一时冲动；有的孩子，头脑中总是充满了各种各样有趣的念头，很难专心投入到功课中。

本书旨在帮助家长和孩子解决"多动症"的烦恼，专业性和趣味性十足：以孩子为中心，完全从孩子的视角编写，让孩子感觉到"这本书写的就是我"；充满童趣的卡通画，牢牢抓住孩子的兴奋点；将问题分成小节，便于阅读，还可以按照单元阅读，符合儿童的阅读心理；每一节后都配备趣味性的专注力游戏，让孩子轻松快乐阅读。

（美）凯瑟琳·G.纳多博士
（美）埃伦·迪克森博士　著
（美）查尔斯·贝尔　绘

7～12岁适读

《我要了解自己》

全面解读青少年的情绪密码
提升情商，做更好的自己

本书通过孩子现实生活中发生的事情、各种有趣的事实和关于情绪的小测试，帮助孩子体察到自己的情绪和感觉所透露的关于自己、朋友和家人的秘密。

这本书能够让孩子认识自己的情绪，准确恰当地表达自己，更好地理解他人的情绪，让别人更好地理解自己。

（美）玛丽·C.拉米亚博士　著

8～16岁适读